JN206621

ボランティア解体新書

戸惑いの社会から新しい公共へ

江田英里香

編著

前林清和
木村佐枝子
吉田早織
田中綾子

著

Volunteer

Beginning of Life for New Public

木立の文庫

プロローグ

　日本は1945年の敗戦後、1956年には「もはや戦後ではない」と言われ、瞬く間に高度経済成長を遂げた。1980年代後半には日本中がバブル景気で沸いたが、1991年以降バブルがはじけ、その後に残ったのは、景気の低迷に加え、将来への不安や社会に対する"不信感"、生き方そのものへの"戸惑い"であった。そんな折に起きた阪神・淡路大震災は、死者6,434人、負傷者4万3,792人にのぼり、かけがえのない命や家や財産を多くの人々から奪い、その事の大きさに日本中がショックを受けた。

　しかし、失うものと同時に得られたことがあった。それは、ボランティアという生き方である。震災直後の1年間で138万人という人たちがボランティアとして神戸で活動をし、多い時で1日2万人が活動したのである。この阪神淡路大震災のボランティア活動がきっかけとなり、1995年がボランティア元年と呼ばれるようになった。それ以降、ボランティア活動は市民権を得て、さまざまなところで広がりを見せてきた。災害復興ボランティア、国際協力ボランティア、地域振興ボランティア、街づくりボランティアなど挙げればきりがないが、その活動内容は多種多様となってきた。それと同時に「やりがい搾取」や「ブラックボランティア」と言われるような、善意につけ込むかのようなボランティアも出現してきている。ボランティア活動はたくさんあるのに、自分に合った活動がわからない、どのように選んでよいのかわからない、といった声も聞こえる。ボランティアに対する疑念や戸惑いも少なくない。

　本書は、このような今だからこそ"ボランティアとはいったい何なのか"ということを立ち止まって考え、そこから自分なりのボランティアの在り方を作り上げるきっかけにしてもらいたい、という思いから『ボランティア解体新書』とした。

　本書の前半では、ボランティアの概念として、ボランティアとは何か、歴史的にどのようにとらえられてきて現在どのような現状なのか、ボランティアをするための準備やボランティアそのものの教育意義につ

いて、ボランティア活動が私たちの生き方や生活にどのような影響を及ぼしているのか、そして、ボランティアに求められるものは何かなど、ボランティアそのものについて深く掘り下げて議論をする内容とした。

　後半では、私たちの社会のなかのボランティア活動を学校、福祉、地域社会、防犯、防災、災害、地球環境、国際協力、スポーツ、文化芸術、観光の分野で取り上げ、各分野のなかで何が問題となっていて、どのようなボランティア活動があるのか、そこにある課題は何かなど、ボランティア活動の事前事後の取組を含めて実践的な内容をまとめた。

　各章では、テーマに合わせた問いを設けた。そこで学んだ内容をもっともっと掘り下げて学んでいく指針にしたり、授業で扱うときの個人またはグループのワークにしたりするなどして、活用してもらいたい。

　もちろん、本書で取り上げていないボランティア活動や、ボランティアに対する考え方はこれらの他にも多様にあり、限られたボリュームのなかですべてのボランティア活動についてカバーすることはできなかった。それでも、ボランティア活動に初めて参加する方や、ボランティアとは何か知りたい方などには、ボランティアの入門編としてはとっつきやすい内容になっていると自負している。

　「百聞は一見に如かず」とは、聞くだけでなく、実際に見てみないとわからないということを指すが、これには続きがある。「百聞は一見に如かず　百見は一考に如かず　百考は一行に如かず　百行は一果に如かず……〔略〕」。これは、聞くだけでなく、実際に見てみないとわからない。見るだけでなく考えないと意味がない、考えるだけでなく行動をするべき、行動するだけでなく、成果を出さないと意味がないということを指している。ボランティア活動は、聞いたり見たりするだけではなく、実際に行動に移さないと意味がない。ボランティア活動の成果は何かと言われると各人によって異なるが、例えば、支援をした相手が助かったり、喜んだり、あるいはそのことで感謝されることであったり、自分が満足することであったりするだろう。実践することこそがボランティアであるが、そのなかで「なぜ？」といった疑問にぶつかることもあるだろう。そのときにこそ、ボランティアとは一体何なのかといった理論に立ち返ることで、後の活動が格段に意味のあるものになる。

　　2019年1月

　　　　　　　　　　　　　　　　　　　　　　　　　江田英里香

ボランティア解体新書

戸惑いの社会から新しい公共への道

chapter *01*

ボランティアとは

はじめに

　人間は家族・学校・職場などの集団に属し、そこでの習慣、規範に従って行動している。しかし一方で、個人として社会に影響を与え、社会を変化させることができる。そして、人を傷つけ殺すこともするが、人を助けることもする。したがって、どのような生き方をするかは、人間の意志によるのである。

　社会貢献も、まさに人間の意志によっておこなわれる活動である。21世紀の明暗は、社会貢献活動が活発におこなわれるか否かにかかっているといってよい。なぜならば、グローバル化のなか、自分だけ、自分の国だけがよければ良い、という世界は成立しなくなっているからである。そして、この社会貢献のなかで、その中核をなすのが、ボランティア精神であり、ボランティア活動である。

　それでは、ボランティアとはいったい何なのか。ここでは、わかっているようで、あらためて考えるとわからなくなる「ボランティア」についての基本的な思想を知り、実践することの大切さを学ぶことにする。

ボランティアの定義

　ボランティアは、一言で言えば、「自発性にもとづいた社会事業活動」あるいは、「自発性にもとづいて社会事業活動をする人」である。1990年のIAVE（ボランティア活動推進国際協議会）総会での世界ボランティア宣言では、ボランティアとは「個人が自発的に決意・選択するものであり、人間の持っている潜在能力や日常生活の質を高め、人間相互の連帯感を高める活動である」と定義している。また、平成3年

版の『厚生白書』では、ボランティア活動について、便宜的に「自発的な意思に基づいて他人や社会に貢献する活動」としている。

このように、ボランティアの定義はさまざまであり、これがボランティアである、というように、一つに限定、あるいは確定されたものではないし、確定する必要もない。そのことを踏まえたうえで、ボランティアの要件について主なものを挙げておきたい。

ボランティア活動の要件のうち、ほぼ共通する、あるいは上位原理としてあるのが自発性（主体性）、利他性、公共性である。一方、下位原理としてあるのが無償性、創造性（先駆性）、責任性、継続性であり、これらは必ずしも当てはまらないが個々のボランティアの特徴としての要件としてあげられる。

上位原理

自発性

ボランティアは、自発的におこなったり、参加したりすることが大前提であり、強制されておこなうものではない。また、個人としての考え方に基づく行為であり、国家や行政に束縛されない自由意志によるものである。つまり、本質的に、国家や行政の枠や制度を超えた個人として自立した自由な行為や立場なのである。

たとえば、地域の自治会で、近くの公園を掃除するということが決まっていて、年に2回、皆で掃除をするのは、奉仕活動ではあるが、ボランティアにはあたらない。これは自治会で決めた住民がすべき役割分担である。一方、隣の県で災害があり、地域の人たちが話し合って有志を募って、被災地の支援に出向くのは、ボランティアということになる。また、自分が発案したことでなくても、友人や先生に勧められておこなったことでも、自分で「やろう」「やってみよう」と思った時点でボランティアである。無理やりやらされたら、ボランティアではない。ただ、人の行動が自発的であるかどうかということは他人があまり追求する意味はなく、本人がどうであるかが一番重要なことである。

利他性

ボランティアは、利己的な行為ではない。つまり自分の利益のために

おこなうのではない。利他的なものであり、他者のためにおこなう、他者のためになることが前提である。就職活動に有利であるからボランティアをおこなうとか、褒めてもらいたいからボランティアをおこなうという考えは、利己的な行為であり、純粋なボランティアとは言い難い。ボランティアの場合、就職に有利に

写真1-1　学生による街頭募金の様子

なるとか、褒めてもらうというのは、あくまで結果としてそのようなこともあるというだけで、目的ではないのである。また、自分がいくら良いと思っておこなうことであっても、独りよがりの活動では意味がない。ボランティア活動の対象は、何らかの切迫した状況にある場合が多い。したがって、良かれと思っておこなった行為が、相手に対して迷惑やマイナスになれば、その行為は普通以上に大きな罪と成り得るのである。その行為が、相手が望んでいることか、あるいは相手の利益に通じるようなことか、ということを見極めておこなわなければならない。そのためには、相手と話し合ったり、実態を調査したりしながら、取り組むことが非常に大切になる。

公共性

　私の近しい人、たとえば自分の子どもや親、親友に対しておこなう行為はボランティアとは言わない。たとえば、自分の子どものためにおもちゃを買ってやったり、自分の母親の老後の面倒を見たり、親友に誕生日プレゼントをしたりというのはボランティアとは言わない。自分と人間関係が直接ない人たちに対してするのがボランティアである。ある程度社会全体、社会一般に対してというのがボランティアの要素である。つまり、他人のため、公共の福祉のためにおこなうことをボランティアという。

　また、個人で必要と感じたものを個人で完結することも良いが、共感する仲間を集めて、活動を広げていくことも重要である。たとえば、ボランティアの任意団体やNPO法人を作ったり、それらの団体に加入したりして活動をすることで、より多くの人々、地域や社会に対して貢献することができる。

下位原理

無償性

　無償性とは、報酬をもらわないということである。以前は、ボランティアは無報酬が当たり前と思われてきたが、必ずしもそうではない。

　まず、わが国ではボランティアは手弁当で駆けつけ、交通費も自分ですべて負担するということがあたりまえのように考える人がいるが、無償とはそういうことを意味するわけではない。食費や交通費、材料費などの必要経費は相手が負担する場合もあり、これは無償のボランティアの範囲内と言える。

　一方、有償ボランティアという言葉があるように、近年では報酬を前提としたボランティアがある。わが国ではNPO法人のスタッフは、1団体あたり平均、約16.6人で、有給職員が約4.9人、有償ボランティアが約3.3人、無償ボランティアが約8.4人である。今や、NPO法人のスタッフの約2割が有償ボランティアであり、そのほか公益団体や地方自治体でも有償ボランティアが活動している。また、JICAの青年海外協力隊員や国連ボランティアなども渡航費の他、派遣先での生活費と帰国後の報奨金が出るようになっている。

　これらの有償ボランティアによって、ボランティア活動が活発におこなわれるようになってきている。しかし、その反面、有償ボランティアと労働者との違いが曖昧な点もあり、ボランティアを安価で使える労働力として使っている組織もあって、そのあり方が問題になっているケースもある。

　ボランティアの無償性をどのように考えるか、これからも議論が必要であろう。

創造性・先駆性

　ボランティアとは社会の欠陥を補うだけではなく、時代を先取りしてよりよい社会のために社会を変えたり、新しいことを創りだしたりしていくことも必要だと言われている。もちろん、既におこなわれている活動をやったらボランティアではない、ということではない。それも立派なボランティア活動である。ただ、ボランティアの一側面として社会に新たな問題や課題が生じた際に、問題を解決し、社会を良

い方向へ変えていくための創造性や先駆性がボランティアに求められるのである。

　私たち市民が生きていくに当たって必要なことは、基本的には行政がやってくれるが、時代の変化のなかでそのニーズは変化していく。その変化に行政や自治体が必ずしもタイムリーに対応するわけではない。私たち市民が、まずその問題や課題に取り組んでいくことで社会が変わっていく。その後、行政がそれに取り組む、ということがある。よりよい社会は、まず自分たちで変えていく、という態度が、創造性・先駆性なのである。

継続性

　ボランティア活動は、その必要性が終わるまで続ける必要がある。もちろん、一回限りの活動ではいけないというわけではなく、一回でも人を救えることはいくらでもある。たとえば、駅で切符を買おうとしてどのようにしたら良いかわからない外国人に声をかけて切符の購入の手伝いをする、といったことは一回でその活動の意義がある。一方、ある程度本格的な活動や組織としての活動を前提とした場合には継続性が問題となる。たとえば、カンボジアに小学校を建てて運営を始めたが、一年で資金がなくなり中止した、ということになれば、そこに通い出した子どもたちはどうなるのか。はじめから、学校を作らない方がよかったのではないか、ということになる。町のお年寄りの介護を手伝いだしたが、一箇月後にやめたとする。それでは、お年寄りの方も、「やっとなじんできたのに、それならはじめからやってもらわないほうがよかった」と思うであろう。相手に期待だけかけるのならやらないほうがましである。「思いつきでやってやっぱりやめた」、「もういいだろう」というようにこちら側の判断や都合だけで勝手にやめる、というのはよくない。もちろんいつまでも続けることが良いとは限らない。たとえば、開発途上国で支援していたが、その地域が発展し、支援が要らなくなったら、ボランティアを続ける必要はない。それ以上、続けると相手の自立の妨げになる。ここで大切なのは、自分たちのおこなっている支援の必要性がなくなるまでは継続してやっていかなければいけないということである。したがって、ボランティア活動はある程度の区切りまでは続けるという、継続性が必要になる。

責任性

ボランティアは、自分の意志でおこなうものであり、強制されるものではないが、同時に、活動を開始した以上、相手に対して責任が生じる。無責任な行為は許されない。ボランティアを開始したら、その時点で相手との関係のなかでその人たちのことを真摯に考えると、責任が出てくる。前述の継続性のところでも述べたように、支援を受ける立場から考えるとボランティアだからといってやりたいときにやって、やめたいときにやめるというようなそんな簡単なものではない場合が多いのである。それは民主主義の社会で権利と義務が表裏一体になっているのと同じである。自由意志でおこなえるということは、その行為に対して責任があるということにつながるのである。

以上、ボランティアの要件についてみてきたが、これはあくまで便宜上の分類であり、各人が自分の問題としてボランティアを考えることが望まれる。

理論知と体験知

ボランティアを理解するためには、ボランティアということを学問的に研究することの意義は大きいが、それ以上にボランティアをすることの方がもっと重要である。なぜならば、理論というものは自分の体験に基づいて構築するものであるからだ。他の人に対して、ボランティアを語る時に、ボランティアをやったことがない人がどんなにすばらしいことを言っても信用されないし感動も与えられない。体験に基づいた話をした時に人を納得させたり、感動させたりできるのである。

また、「私」という個人がボランティアということを理解するには、やってみないとわからないということである。思考の限界は、そのことが現実となるかどうかわからないということにある。いくらこういうものかなと考えてみても、それが現実となるのかどうかやってみないとわからない。身体を使ってこそ現実が生まれるのである。身体を使って得られた知が体験知である。

また、思考の限界のもう一つは、言葉というものの限界に根ざす。たとえば、被災地でのボランティアの活動をどれほど詳しく説明して

も、その状況を伝えることは難しい。しかし、その現場へ行き活動すれば、その状況はすぐに理解できる。人間の理解力は言語を越えるのである。思考は言語を使っておこなうため、世の中の事象をすべて説明はできない。体験こそがより多くのことを知り理解する方法なのである。体験知の意義はそこにもある。

　さらに、ボランティア活動には相手がある。それが人間であったり、動物であったり、自然であったりするが、常に自分一人の問題ではない。自分のこともわからないのに相手との関係で何がどうなるか、わかるはずがない。まずはやってみることで何かが生まれるのである。体験知の積み重ねが、「私」を成長させていくのである。

⋯⋯ **Let's work together!** ⋯⋯⋯⋯⋯⋯⋯⋯⋯⋯⋯⋯⋯⋯⋯⋯⋯⋯⋯⋯

① 　本書では、ボランティアの要件のうち、下位原理として無償性、創造性（先駆性）、責任性、継続性をあげていますが、それ以外にどのような要件があるか、グループで考えてみましょう。

② 　クラスやクラブ活動などの学生に対して、ボランティアに関する簡単なアンケートを実施し、ボランティア活動の現状と課題を考えてみましょう。

③ 　自分が、今までにおこなったボランティアについて、その概要をまとめたうえで、体験知として得たことを箇条書きにし、グループ内で発表してみましょう。また、他の人の話を聴いて得たものの異同を考えてみましょう。

参参考文献
前林清和『社会防災の基礎を学ぶ —— 自助・共助・公助』〔昭和堂. 2016〕
宮守代利子「有償ボランティアの提起する問題に関する考察」『早稲田大学大学院社会科学研究科社学研論集20』2012.

ボランティアをめぐって

時代をつくる新しい生き方と社会

時代と社会のなかで
──ボランティアの歴史と現状──

はじめに

　日本においては、ボランティア活動はもともと奉仕活動と同様に使われてきた。おかみが国を治め、それに対して年貢を納め奉仕をおこなうという社会が長く続いた日本と、市民が立ち上がって国を作り上げていった欧米では、同じ「社会のためにおこなう活動」でも捉え方が異なる。1995年の阪神淡路大震災では、災害直後から数多くの人たちがボランティアとして活動をし、被災した人たちを支え・応援し続けてきた。それはまさに市民が立ち上がって、神戸を復興させようとした一つのムーブメントである。

　言葉は時代や社会的背景によってさまざまな意味合いを変化させながら進化してきており、ボランティアという言葉もさまざまな捉えられ方がある。ここでは、ボランティアについての歴史と現状、海外と比較をした際の日本における捉えられ方について述べていく。

ボランティアの歴史

　日本におけるボランティアの歴史を振り返ると、戦前戦後、1960年代、そして1995年以降と分けることができる。

戦前戦後

　日本のボランティアは、もともと慈善や地域共同体の相互扶助の考え方に支えられてきた。『大江戸ボランティア事情』では、江戸時代の人々の生活が、人と人とのつながりやお互い様の精神に基づいた、金銭のやり取りを重視しない互助コミュニティであったことを説明して

いる。地域での労力の相互提供である「結い」や地域社会の人々が寄り合い談合である「講」は、かつての日本の農村社会では人々が共に暮らしていくためには不可欠なものであった。ボランティアという言葉を使わないまでも、地域社会で生きていくためにはお互いに助け合わなければならないという自然のとおりに従っていたと考えられる。

日本が近代化をおこなった明治維新以降は、富国強兵政策を強力に進め、軍事力を保持することが最優先され奉仕活動が国民に求められた。戦中に入ると私利私欲を捨て公のために忠誠を尽くすとされる「滅私奉公」の考えに基づき、軍需工場の人員不足を補うために、女性たちが勤労奉仕というかたちで働いた。戦後は、占領軍GHQの意向により厚生省が共同募金事業の実施を決定したり、1951年には社会福祉事業法が制定され、社会福祉協議会が民間の福祉活動を担うことになるなど、福祉の整備がおこなわれた。

戦前から戦後までは、日本のボランティア活動に対する意識は、国の政策としての社会事業を遂行する補完的な活動として、奉仕活動、慈善的、恩恵的な活動と考えられ理解されてきた。

1960年代以降

1973年に政府は「福祉元年」を宣言し、地域社会で福祉を担うコミュニティケアを打ち出した。その中心的な役割を担ったのが社会福祉協議会で、全国規模でボランティアの養成を開始したが、これらのボランティアは、行政の政策の補完的役割を果たすものであった。ボランティア本来の意味である、自主性や自発性に基づくボランティアというありかたとは本質的に異なるものであり、こういった「地域の支え合いや共助」という理念が社会保障の切り下げに用いられてきたという指摘も多い。

一方で、1960年代後半から70年代は市民運動や住民運動が活発に展開された時期でもある。この時期は、高度経済成長期の工業化、都市化による過密と過疎の問題、公害問題、海外ではベトナム戦争が拡大するなど社会が大きく変化した時期である。これらの問題に対して、社会変革や制度の見直し、また反対運動などを求める活動が全国各地で起きた。これらの活動は、個人が自主的に参加し、無償で活動を担い、同じような理念を共有する人たちが連携するネットワーク的なつながりを構築した。それは今日のボランティアとほぼ同様であった。

1995年以降

　1995年1月に6437名の死者・行方不明者を出した阪神淡路大震災は、その後の災害対策の転換点となっただけでなく、ボランティアに対する社会的認識とボランティアの法整備の転換点となった。戦後最大の被害を出した阪神淡路大震災には、震災直後の1年間で138万人、多い時で1日2万人が活動し、救援物資の運搬、配布、瓦礫や家具などの片付け、高齢者の話し相手、子どもの遊び相手など、被災者を支援するボランティア団体やNPOが数多く生まれた。それまでボランティア活動がごく一部の限られた人たちがおこなうものだったり、社会に対する奉仕としての意味合いが強かったりしたものから、市民が誰でもいつでも参加できるものという新たな枠組みを作り出したという点で、この年は「ボランティア元年」と呼ばれている。

　その後の災害に対するボランティアと比べても、たくさんのボランティアが支援活動をしたことがよくわかる【図2-1】。

図2-1　事故・災害後のボランティア参加者　〔『データでみる阪神・淡路大震災』神戸新聞NEXT〕

ボランティアの現状

　平成28年社会生活基本調査によると、ボランティア活動に参加した国民は、10〜14歳、35歳〜79歳までの年代で4人に1人以上がボランティア活動に参加していることが明らかになった【図2-2】。85歳は別として、若者と言われる10歳から30代前半は、他の年代に比べてもボランティア活動の参加率が低いことがわかる。15〜19歳においては、中学・高校などの勉強と部活とで学校での滞在時間が長いこと、高校受験や大学受験で塾に通っていることなどから、ボランティア活動をしたとしても費やすことのできる実質的な時間が非常に短いことが原因であろう。また、20〜24歳は大学生または社会人といった年代であるが、大学生は学業とアルバイト、社会人も仕事を始めたばかりの新社会人で、社会の課題解決よりも自分自身の生活の自立が先行しているためであると考えられる。30歳以降は徐々にボランティア活動の参加者が増えているのは、仕事に慣れたり、社会人としてある程度の自立ができたり、社会と向き合う余裕ができたことが要因ではなかろうか。それ以降の年齢では30%前後となっているが、結婚をして子どもができたことで、子どもの幼稚園や小学校でのボランティア活動などへの機会が増えることも理由であると考えられる。

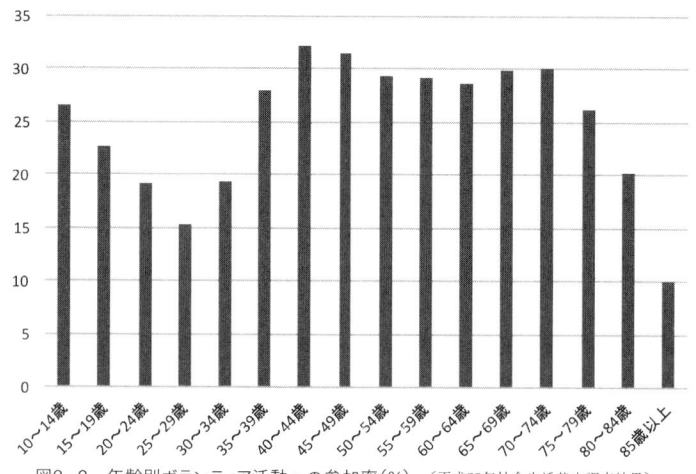

図2-2　年齢別ボランティア活動への参加率（%）〔平成28年社会生活基本調査結果〕

表2-1　年代別のボランティア活動の方法（％）〔平成28年社会生活基本調査結果から作成〕

	団体等に加入して行っている	ボランティアを目的とするクラブ・サークル・市民団体など	NPO（特定非営利活動法人）	地域社会とのつながりの強い町内会などの組織	その他の団体	団体等に加入しないで行っている
10〜14歳	18.2	2.7	0.4	10.9	6.5	7.5
15〜19歳	13.7	4.8	0.4	3.7	6.3	8.7
20〜24歳	11.4	4.8	1.1	2.1	4.7	8.0
25〜29歳	7.7	1.8	0.8	3.2	3.0	7.3
30〜34歳	12.4	1.8	0.7	7.0	4.6	7.6
35〜39歳	18.5	2.6	0.6	11.7	6.7	9.7
40〜44歳	22.6	3.2	0.8	14.5	8.5	11.2
45〜49歳	22.5	2.9	0.8	14.0	8.9	10.4
50〜54歳	21.1	3.3	1.1	14.1	6.9	9.4
55〜59歳	22.0	3.7	1.4	14.5	5.6	8.2
60〜64歳	21.5	4.2	1.1	15.1	5.1	7.3
65〜69歳	23.0	5.3	0.9	16.5	4.6	6.8
70〜74歳	23.1	6.2	0.9	16.4	4.6	6.8
75〜79歳	19.8	5.0	0.9	14.6	3.3	6.0
80〜84歳	15.5	3.3	0.6	10.9	2.8	3.6
85歳以上	7.1	1.3	0.2	4.8	1.4	2.0

　年代別のボランティア活動の方法を見ると、地域社会とのつながりが見えてくる。10〜30代前半は地域社会とのつながりの強い町内会などの組織でのボランティア活動が少ないが、30代後半からは町内会などの組織に入ってボランティア活動をする割合が増える【表2-1】。前述のとおり、ライフスタイルの変化によってボランティア活動をおこなう機会も増えてきていることが分かる。

　では、これらの人々は、どのようなボランティア活動をおこなっているのだろうか。最も参加者が多い活動は、まちづくりのための活動で、祭りなどに参加する中学生くらいまでと、家庭や子どもを持って地域に根差すようになる35歳からの年代で多くなっている。地域の花植え、祭りの準備や片づけなど自分の暮らす地域の活性化に取り組む活動が中心である。次に多い活動は子どもを対象とした活動で、子どもの親世代の35歳から49歳が多くなっている。幼稚園や小学校での本の読み聞かせや小学校での学校ボランティアなど、我が子の就園や就学に伴って誘われたり、最終的には自分の子どものためになるという理由からさまざまなボランティア活動に参加する人たちが多いことがわかる。その次に多い活動は、安全な生活のための活動で、40代から70代の人たちによるものである。地域の見守りパトロールや登下校の見守り、地域の危険場所点検のための巡回などである。そして、自然

表2-2 年代別のボランティア活動内容(%) 〔平成28年社会生活基本調査結果から作成〕

	総数	健康や医療サービスに関係した活動	高齢者を対象とした活動	障害者を対象とした活動	子供を対象とした活動	スポーツ・文化・芸術・学術に関係した活動	まちづくりのための活動	安全な生活のための活動	自然や環境を守るための活動	災害に関係した活動	国際協力に関係した活動	その他
総数	26.0	2.9	3.8	1.5	8.4	3.7	11.3	5.0	4.0	1.5	0.9	2.6
10~14歳	26.5	0.5	3.9	1.6	8.8	2.9	13.0	4.4	7.0	1.2	0.9	2.6
15~19歳	22.6	3.3	3.7	1.9	8.1	4.3	7.8	2.3	3.2	1.6	1.0	2.4
20~24歳	19.2	5.0	2.5	2.6	6.4	4.6	4.0	1.9	1.5	1.5	1.1	1.7
25~29歳	15.3	3.4	1.4	1.2	4.0	2.9	4.2	1.9	1.5	1.5	0.8	1.5
30~34歳	19.3	3.0	0.9	0.8	8.7	2.4	5.9	3.1	2.2	1.1	0.6	1.4
35~39歳	27.9	3.5	1.5	0.9	16.2	3.2	8.9	5.2	2.8	1.3	0.6	1.8
40~44歳	32.2	3.3	1.7	1.0	19.6	4.1	11.2	6.6	4.0	1.7	0.8	1.7
45~49歳	31.4	3.9	2.2	1.3	15.6	4.3	12.7	6.0	3.8	0.8	0.8	2.2
50~54歳	29.3	4.3	3.4	1.6	8.2	4.6	14.0	6.0	5.4	2.4	1.2	2.9
55~59歳	29.2	3.9	4.3	1.9	5.1	4.9	15.3	6.3	5.4	2.1	1.1	3.4
60~64歳	28.6	2.3	5.2	1.7	4.5	4.0	15.0	6.5	5.5	1.7	1.2	3.8
65~69歳	29.8	1.8	7.1	2.1	5.2	4.2	15.8	7.0	5.4	1.4	1.0	4.0
70~74歳	30.0	1.8	8.7	2.0	5.2	3.9	15.4	6.7	5.3	1.4	1.0	4.0
75~79歳	26.1	2.1	7.1	1.3	3.7	3.2	14.2	5.6	4.3	1.1	0.7	3.6
80~84歳	20.2	1.3	5.2	1.0	2.2	2.1	11.1	3.2	2.8	0.6	0.6	3.0
85歳以上	10.1	0.7	2.2	0.2	0.5	1.0	5.3	1.3	1.5	0.2	0.2	1.8

や環境を守る活動は、小中学生である10歳から14歳が最も多く、次に50代から70代の人たちである。地域の清掃活動から森林や川や海の清掃・美化活動などが多い。高齢者を対象とした活動については、60歳以降高い割合で参加している。高齢者が高齢者を介護する老々介護が増加しているなかで、同年代以外の年代の参加も望まれる。障がい者を対象としたボランティア活動、災害に関係した活動、国際協力に関係した活動においては、全年代が1～2％前後で活動をしているが、いずれも技術や知識などを要する活動が多く、また、災害に関しては活動場所と自宅との距離の問題などがあることが活動割合の低さにつながっているのではなかろうか【表2-2】。

　これらから、ボランティア活動を行う人たちは30代後半から増えており、その活動は地元の町内会などの組織でまちづくりのための活動や子どもを対象とした活動が多いことがわかる。

ボランティアの海外比較

　日本においては、表2からもわかるように大学生を含む15～19歳・20～24歳の人たちのボランティア活動の参加率は決して高いとは言えない。学校での勉学等やアルバイトに費やす時間が多くを占めるなかで、ボランティア活動の参加は優先順位が高くない。しかし、学生時

代にこそボランティア活動が必要ではなかろうか。ボランティア活動を通じてさまざまな経験を積んだり、普段の生活のなかで接することのない人々と出会うことは、将来設計を考えるうえで大いに役立つ糧となる。また、昨今の学生は就職活動において学生時代にどのような経験をしてきたかが問われる。そこで、さまざまな経験を積むことができるボランティア活動は学生にとって都合の良いキャリア形成の一つでもあるはずだ。少なくとも欧米では、キャリア形成の一環としてのボランティア活動は当たり前のことである。

このボランティアのモチベーションに対する捉え方について、ベルギー、カナダ、クロアチア、英国、フィンランド、オランダ、インド、イスラエル、日本、韓国、中国、アメリカの12ヵ国で、各600人以上の大学生を対象におこなった調査では、履歴書に書けるようにするためにボランティア活動に参加している学生の割合は、仕事の競争の激しいアメリカ、英国、カナダでは高い一方で、日本においては低い。また、中国、インドにおいては、欧米と同様にボランティア活動に参加する学生が多いが、ボランティア活動は月に2時間程度と時間が短いことも指摘されている。

著者がおこなってきたカンボジアでの教育支援活動でもたくさんのカンボジアの学生ボランティアに支えてもらってきた。彼らは、日本語をもっと学びたいから、ボランティア歴として履歴書に書くことができるなど、キャリア形成に直結する理由を述べたが、その分長く活動に参加してくれた。

日本の学生がボランティア活動を自分の履歴書に書くためのキャリア形成とみなさない理由のひとつとして、「ボランティアは他者のためでなければならない」という考えが強いことが考えられる。また、学生のうちに社会経験を積む"インターンシップ"なども欧米に比べて少ないため、社会経験を積むことよりも就職試験に合格することを重要視する傾向があると考えられる。

ボランティア活動をすることによって、結果的に身につく知識や技術は大きく、人によってはその後の将来を大きく変えるきっかけとなる場合もあることから、日本の大学生には積極的に自分のためにもボランティア活動に参加してもらいたいものである。

········ **Let's work together!** ···

① 阪神淡路大震災以降、ボランティアを取り巻く環境がどのように
変化してきたのか調べてみましょう！

② ボランティア活動の分野ごとに具体的な活動を調べて発表してみ
ましょう！

③ 海外の人たちと日本の人たちと比べてボランティアについてなぜ
考え方が異なるのか考えてみましょう！

参考文献

稲垣聖子「『ボランティア』という言葉の意味の変遷 —— 『異議申し立て運動』との関連で」『21世紀社会デ
　　ザイン研究』No.13, 2014.

石川英輔、田中優子『大江戸ボランティア事情』〔講談社文庫, 1999〕

Femida Handy et al., 2010, A Cross-Cultural Examination of Student Volunteering: Is It All About
　　Résumé Building?, Nonprofit and Voluntary Sector Quarterly, 39(3).

chapter 03

シティズンシップを身につけて
——ボランティアと教育——

はじめに

　人間は、人間として生まれてくるのではない。ヒトとして生まれてくるのである。ここでいうカタカナのヒトは、イヌ、サル、ウマといった動物と同じである。動物としてのヒトである。イヌやネコ、サルは高等動物であり、ヒトも高等動物である。

　それでは、ヒトはどのようにして人間になるのだろうか。ヒトは、環境・教育・文化などによって人間になるのだ。人間は教育によって、多くのことを学び身につけていく。

　社会に貢献するということも、何も教えない場合と、その知識や意識、行動について教育をする場合では、相当な違いが生じる。それでは、どのような教育が社会貢献活動を推進することになるのか。ひるがえって、なぜ教育において社会貢献について学ぶ必要があるのか、について考えていきたい。

教育とは

　私たちは、生まれたときから教育を受けながら育ってきた。小さな頃には、食べること、トイレに行くこと、手を洗うこと、「ハイ」と返事することなど、いわゆる基本的生活習慣から、学校に入れば算数や国語、あるいは体育などのさまざまな教育を受けてきたのであり、そのことによってそれぞれ現在の自分があると言える。哲学者カントが「人間は教育によって初めて人間となることができる。人間とは教育によって作りだされるところのものに他ならない」と述べたように、人間は教育を必要とするのであり、教育なしでは人間としての営みが全

うできないのである。

学校教育

　近代以降の公教育、つまり学校教育の特徴は、進歩主義的啓蒙思想に則っておこなわれてきた。つまり、社会は常に進歩し続けて、明日は今日よりよい世界になるということを前提とした歴史観に基づき、よりよき世界を実現させるためには理性による思考が必要であるという立場からの教育である。この理性による思考は普遍的であり不変的であると捉えるため、その教育は学問的・科学的なものとなる。わが国の戦後教育においても、この進歩主義的啓蒙思想に基づいた教育が推進された。戦後、焼け野原から出発した日本は、国民の努力によって日々良くなっていくという希望のもと、その次世代の担い手こそが子どもであった。子どもには今の世の中にはない、より進歩した社会を作るための教育をうけさせなければならない。そのために学問的・科学的内容が中心の教育を推し進めてきたのである。それと同時に、子どもには教育を受ける権利があり、それを実現させるために学校があり教師がいると捉えられてきた。

　ところが、わが国では右肩上がりの高度経済成長をすぎ、バブル崩壊を経験し、グローバル社会が到来すると、いわゆる進歩主義的な考えはリアリティをもたなくなってしまった。なぜならば、明日は今日よりよくなるという言葉がはかなく聞こえるほど、社会が後退、あるいは停滞するようになったからである。そうなると進歩主義的な啓蒙思想は色あせてしまったのである。

　しかし、啓蒙思想にはもう一つの側面がある。それは、学校教育は子どもを大人にしていくということである。私たちにとって、子どもと大人は違う、という感覚はごくあたりまえであるが、実はこれが一般化したのは近代社会が成立してからのことである。それまでは、人の一生のなかに「子ども」という独自の価値をもった時期は認められていなかったし、飢えと貧困のなか、子どもは「小さい大人」として扱われ、身体的・体力的に少しでも働けるようになれば、すぐに大人と同じように労働をおこなうことが当たり前であった。

　教育史上、子どもの発見者として有名なルソー〔1712-1778〕は、彼の主著である「エミール」で、「人は子どもというものを知らない。子ども

について、まちがった観念をもっているので、議論を進めれば進めるほど迷路にはいりこむ。このうえなく賢明な人々でさえ、大人が知らなければならないことに熱中して、子どもにはなにが学べるかを考えない。かれらは子どものうちに大人を求め、大人になるまえに子どもがどういうものであるかを考えない。」と述べている。

ルソーは、子どもが持つ大人とは違う特性や能力を大人は理解していないと批判し 人の一生のなかで固有の意味をもった時期として子ども期を捉え、子どものための独自の教育の必要性を説いたのである。ルソーの「子どもの発見」と17世紀後半からの市民革命や宗教改革、教育制度の整備とが結びつき、学校教育の発展の根本思想となった。

18世紀の「子どもの発見」により、子どもの人権や権利、安全が唱えられるようになったが、現実的にそれが確保されたわけではない。産業革命の時代、庶民の子どもたちは、4～5歳の頃から過酷な労働を強いられていたし、戦争のたびに弱者である多くの子どもたちが尊い命を落としてきた。

その後、19世紀に入ると、公教育が一気に広まり、学校教育を中核とした近代教育が展開するが、子どもは大人の社会とは隔離された学校という子どものための世界において教育を受け、立派な大人になることを目指してきた。

現在も、その思想は受け継がれており、子どもの間は、子どもの成長に望ましい環境に身をおき、子どもとして受けるべき教育を受けることが必要であるという理念のもと、学校教育が施されている。

つまり、子どもが大人になるためには、学校教育こそが重要なのである。

それでは大人になるということはどういうことなのであろうか。それは簡単に言えば、子どもに知識だけでなく公共性を教え、それを身に付けさせることである。そのことで子どもは大人となっていく。しかし、わが国の学校教育は、まだこのことに多くの教師が気づいていない。気づかないまま戦後教育が今日まで続いてきたのである。

個人主義と利己主義

今、述べたように学校教育の大きな意義の一つが公共性を子どもに身につけさせることである。公共性とは、民主主義社会の市民が持つ

べき基本的な精神であり思想であり、生き方である。

　わが国において、本格的に民主主義教育が始まったのは、第二次世界大戦後である。民主主義教育は、個人主義に基づくとされ、それまでの全体主義に対して個人主義の大切さが説かれた。当時、個人主義は、日本人にはほとんど知られておらず、これを学校のなかで教育していくことが急務と考えられた。

　しかし、結果から言えば、日本の学校教育においておこなわれたのは、個人主義ではなく利己主義の教育であったのだ。どういうことかと言えば、学校の教育では、「自分の利益を優先すること」ということを個人主義と捉えたのである。つまり、自分のことだけを主張すればよい」「自分だけが良ければよい」という教育がおこなわれてきたのである。たとえば、試験で点数を取ればよい、模擬テストで高い偏差値を取ればよい、ということで周りのことなど考えないで、自分のことだけを考え努力し、人に勝っていく子どもが優秀な子どもとされてきた。しかも、教師も親も、子ども以上にそれを目指してきたのだ。そして、討論の場では自分の考えを述べたり主張したりはしないで自分の勝手なことだけするという人間が育てられてきた。なぜなら、自分の利益に直接関係のないことは、それなりに従っておくことが一番楽な方法だからである。本当の個人主義とは、自分の意志や信念に基づいて行動するということであり、決して自分の利益のためだけに行動するということではない。

　また、全体主義的な態度はそのまま残されてきた。つまり、わが国には、個人主義は根付いておらず、未だ全体主義が日常生活に根付いているのである。

　たとえば、人通りの多いところで、人が倒れたとする。往々にして誰も助けようとしない、見て見ぬふりをして通り過ぎていく。あるいは遠巻きにみている。「助けようかな」と思っている人もいるが、周りをみて誰も助けに行かないから結果として何もしない、という人も多いであろう。人がやれば自分もやろうと皆が牽制しあっているのである。これでは個人主義が根付いているとは到底言えない。個人主義の立場から考えれば、誰も助けなくても自分が助けようと思えば、自分の意志で行動する。これが真の意味での個人主義である。

　それでは、自分の意志とか個人の権利とはなんであろうか。個人の権利とは「自分のことだけを要求していればいい」を意味しているわけ

ではない。民主主義は、すべての人の人権を尊重しているのである。したがって、自分の人権を尊重すると同時に、他者の人権の尊重も求めるのである。民主主義は、「一人ひとりが、みんなのことを考える社会」をいかに作るかのやり方でもある。つまり、民主主義は、公共性に行き着くのである。

このように考えると日本の戦後教育は、民主主義でも個人主義でもなく、その意図とは違って全体主義と利己主義の教育をおこなってきたと言えよう。

シティズンシップ教育

民主主義社会における教育の目的は、子どもたちにシティズンシップを身につけさせることである。つまり、社会を構成し、機能させていくのは、私たち市民であるという自覚を教えることである。シティズンシップが醸成されていないから、今見てきたようにわが国では、無意識的かもしれないが「自分がよければそれでよい」「自分の権利だけを主張すればよい」「人のことはどうでもよい」という意識を身につけるような教育をおこなってきたのであり、その弊害は多くの人々が感じるように非常に大きいものとなっている。

シティズンシップとは、先に述べたように公共性の意識である。一歩外にでれば、私たちは私的な存在ではなく公的な存在としてある、ということである。公的な存在として、つまり自分も含めて社会人として、社会がどうあるべきか、どのように変えていくべきかという立場で物事を考え、実行していく能力を身につけなければならないのである。自分のやりたいように生き、自分のことだけを考えるのは家の中でおこなうことであり、学校や会社、街中では他人のことも考えて生きなければならないということである。

公共性を身につけるためには、それなりの教育が必要となるのだ。つまり、知識や学問を詰め込む教育だけでなく、公共性の知識と意識、さらにそれを実現させていくための技術を教え、身につけさせていかなければならない。たとえば、なぜ公共性が必要なのかという公共哲学が前提となろう。またそれに基づいてWin-Winの関係を実現させていくためのプロジェクトの立て方、チームビルディングの方法な

どを教える必要がある。また、ワークショップやプロジェクト型の授業を通じて、リーダーシップやフォロワーシップの育成も必要であろうし、コミュニケーション能力や問題解決能力も養成していくことが望まれる。いわゆるアクティブラーニングを駆使した教育が求められるのである。

　シティズンシップの教育は、自分たちの手で社会や国家を営み、よりよく変革していくための知識と意識、行動を育むためのものである。

ボランティア教育

　社会貢献のなかで、その中核をなすのがボランティアである。近年、文部科学省でもボランティアの重要性を説くようになった。しかし、教育現場でよく問題になるのが、ボランティアを学校教育で強制してよいのか、授業の一環としておこなったり、単位を与えたりして良いのかということである。なぜ、そのような意見が出るのかというと、ボランティアの特性として、「自発性」と「無償性」があげられるからである。ボランティアの根本といわれる自発性からするとボランティアを学校教育の一環ですべての子どもたちにおこなわせる時点で、ボランティアではなくなる、というのである。また、大学などでボランティアをすることで単位が与えられるということは、無償性からはずれているのではないか、ということが言われる。ボランティアは見返りを求めておこなうものでないという立場である。しかし、これらの意見はポイントがずれている。つまり、「ボランティア」と「ボランティア教育」とを混同しているのである。しかも、賛成する者も反対する者も共に、このことを理解しないままで議論している。

　学校教育の現場でおこなうのは「ボランティア」ではなく「ボランティア教育」の一環としての活動なのである。「ボランティア教育」とは、ボランティアをしようと思ったときに、それが実行できるようにボランティアの理念や方法、技術、活動を身につけさせるための教育である。ボランティア活動は、暖かく住みやすい社会を作っていくうえで必要不可欠な活動であるが、一つ間違えば大きな問題を引き起こすことがある。間違った活動をすると、自分の失敗だけに留まらず、相手に迷惑をかけたり心を傷つけたりなど、相手に対しても負の結果

を与えるからである。また、熱心なあまり、その活動が過激になり社会性を逸脱したり時には犯罪につながったりするからである。

ボランティア教育について、その内容をもう少し詳しく述べてみる。

理念についての教育

ボランティアは、「困っている人のために何かをしてやる」、という考えの人が多い。また、ボランティア活動を「偽善的だ」と否定する人もいる。しかし、ボランティアは、人のため社会のためにおこなうのであるが、自発的な活動なので、それが同時に自分のためでもある。したがって、「やってあげる」のではなく「やらせてもらう」といことである。さらに、民主主義に生きる私たちにとっては、特別な行為ではなく、市民の一人として当然おこなうことが望ましい行為なのである。

方法についての教育

ボランティアをおこなうにあたり、目的を達成するためにどのような方法があるか、どのようにすれば良いか、という知識が必要である。また、被支援者と活動内容を決めていく際の話し合いの仕方、組織内でマネジメントしていく能力、などを教育することが望まれる。

技術についての教育

ボランティアをやるにあたっては、それなりの技術が必要である。たとえば、障害者ボランティアをしようと思っても、車椅子の押し方を知らないで実施すると相手に怪我をさせてしまうことがある。ボランティアは活動に応じて最低限必要な技術を身につけることが必要なのである。

活動についての教育

実際にボランティアをおこなうという経験を教育の場で設けることが、非常に重要である。ボランティアをおこなうことで、自分自身の存在価値を見出したり、利害関係以外の人間関係づくりができたりというように、活動のなかから人間形成がなされていく。ボランティア教育は、学校だけでなく自治体や地域コミュニティ、NPOなどとコラボレートしていくことが成果を上げるポイントである。

······ Let's work together! ··············

① 学校教育の歴史について、各自、興味のあるテーマで調べ、グループで発表して、知識を共有しましょう。
例：中世ヨーロッパの大学の歴史、江戸時代の学校の歴史（藩校、寺子屋など）、イギリスのパブリックスクールについて、明治以降の学校教育について、など

② 今まで学校において、シティズンシップ教育、あるいはそれに類する教育を受けてきたかどうか、受けてきたならその内容をレビューし、その現状と課題をグループで話し合ってみましょう。

③ 自分たちが今までの学校で受けてきたボランティア教育について振り返り、どのように教えられてきたか、理念や方法、技術などを教えてもらってきたか、当時どのように自分がそれを受け止めていたか、などを思い出しながら、教育としてのボランティアのあり方を考えてみましょう。

参考文献

ルソー『エミール』（上・中・下）今野一雄訳〔岩波書店, 1962〕

前林清和『Win-Win の社会をめざして —— 社会貢献の多面的考察』〔晃洋書房, 2009〕

前林清和、江田英里香ほか『アクティブラーニング —— 理論と実践』〔デザインエッグ社, 2015〕

chapter 04

人間と社会のこころの基盤
──ボランティアと幸福・宗教──

はじめに

　「あなたは、ボランティアをしていますか」と聞くと、多くの人が「したいと思うけどなかなか機会がなくて」、とか「時間がなくて」、「お金がなくて」、「そんな心の余裕がなくって」といった答えが返ってくる。しかし、多くの人は知らず知らずのうちにボランティアをやっている。ボランティアといってもいろいろなレベルがあり、何も開発途上国に出かけて活動をしたり、何年も継続的に福祉施設で障害者の支援活動をしたりするというような本格的なものばかりではない。むしろ、駅で切符を買おうとして困っている外国人のサポートをしたり、視覚障害者をエスコートしたり、気になった公園のゴミを拾ってゴミ箱に捨てるといった行為がボランティアの原点である。

　もう一度、自分の日常を振り返ってみよう。自分がボランティアを知らずしらずのうちにやっていることがわかってくる。振り返ることによって逆に、あの時こうすればよかった、もう少し助けてあげればよかったということも思いあたるであろう。

　このようにボランティアは日常生活の営みの一部なのである。

　ところで、ボランティアと聞くと、「ボランティアは、偽善的だから嫌いだ」、「ボランティアをするやつらは、ちょっと変わっている」とかいう人もいる。しかし、そういうことを言う人に限ってほとんどがボランティアをしたことがない人である。ボランティアをしたことがない人ほどボランティアを悪く言う。そして彼らは「自分は人に頼らず生きてきた」と思っている。しかし、人間は一人では生きていけるはずもなく、実は多くの人からの利害関係以外のサポートを受けて暮らしているのである。つまり、多くの人からのボランティアによって支えられているのである。このように、ボランティアをおこなうこと

は、実は人間にとって基本的な活動と言える。

　ここでは、人間が追い求める幸福とボランティア、そして人間や社会の精神的基盤として機能している宗教とボランティアについて、その心について考えてみよう。

ボランティアと幸福

　人間は、誰でも幸福になりたいと思っている。それでは、幸福とは何だろう。

　お金持ちになることなのだろうか、高い地位に着くことなのだろうか、仮にそうだとしたら、お金持ちでない人、地位のない人は不幸なのだろうか。そうではないような気がする。

　三木清は、『人生論ノート』のなかで、「幸福になるということは人格になるということである」と述べている。また、「幸福は人格である。人が外套を脱ぎ捨てるようにいつでも気楽にほかの幸福は脱ぎ捨てることのできる者が最も幸福な人である。しかし真の幸福は、彼はこれを捨て去らないし、捨て去ることもできない。彼の幸福は彼の生命と同じように彼自身と一つのものである。」と記している。

　つまり、幸福とは、私が存在する、生きているということそのものなのである。そして、三木は次のようにも述べている。

　機嫌がよいこと、丁寧なこと、親切なこと、寛大なこと、等々、幸福はつねに外に現われる。歌わぬ詩人というものは真の詩人でない如く、単に内面的であるというような幸福は真の幸福ではないであろう。幸福は表現的なものである。鳥の歌うが如くおのずから外に現われて他の人を幸福にするものが真の幸福である。

　幸福とは表現してこそ幸福であり、その表現が他者を幸福にする、それこそが真の幸福だという。つまり、社会に貢献することが真の幸福をもたらすのである。

　これに関連して心理学者アドラーも、人間は常に共同体のなかで生きているとし、そのなかで幸福に生きるためには、共同体感覚を持つことが大切であるという。共同体感覚は、「他者信頼」「他者貢献」「自

己受容」の三つがある。他者信頼とは、他者を無条件で信頼することで他者からも信頼されるということである。他者貢献とは、他者や社会に貢献することであり、自己受容とは自分自身に価値があると認識し、自分が好きになることである。

　このように見てくると、幸福はお金や地位ではなく、自分の存在を肯定したうえで他者や社会に貢献することである。

　もう少し日常生活に沿って考えてみよう。人間は、生活するために働き、人生を幸福に生きるために、あるいは豊かにするためにボランティアをするのだ。ボランティアとは、他者のために、社会のための行為であるが、それはイコール自分が幸福になり、心が豊かになることなのである。いくらお金を貯めても死んでしまったら終わりである。財産は死んだ世界まで持っていけない。自分だけが幸せならそれでいい、というようにすべてを自分に取り込んでいると、いくら取り込んでも満たされることはない。自分のためだけではなく、人のために何かをしてこそ、幸福な人生を送ることができるのである。

ボランティアの本質

　このように考えると、ボランティアは自分の幸福そのものだということである。他者のため、ということはとりもなおさず、自分のためなのである。自分が他者のために何かをしたい、という気持ちがそれを実践することで満たされるのであるから、まさに自分のためなのである。「他者のため」即「自分のため」、これこそがボランティア活動の原理である。確かにボランティアは利他的な行為が前提であるが、それは同時に自分のためでもあるのだ。これは「自分の成長のためとか」「情けは人の為ならず」という次元の問題ではない。もっと、原理的なことである。たとえば小さな子どもが目の前で転けたとする。そのとき、私が「起こしてあげたい」と思って、その子どもを抱きかかえて起こしたとする。見てみると怪我もしていない。「良かった」と思った。このことと、「お腹がへった」「ご飯を食べたい」と思い「美味しい物が食べられた」ので「良かった」と思ったという場合を比較してみると、私の心の一連の動きとして捉えれば、「自分が〜したい→〜ができた→良かった」ということで、同じ構造なのだ。

　違いは、「ご飯が食べたいな→食べられた→よかった」の場合、「自

分の利益のために自分がやろうと思った」ということでありボランティアにはなり得ない。ボランティアの場合は、相手の利益のために自分がやろうと思った」行為でなければならず、しかもボランティアをした方もしてもらった方もお互いが「よかった」と思うウィン・ウィンの関係が成り立つことである。ここで、大切なことは、まさに何かを自分が「したい」と思った時点で自分のためである。そのように考えたら、人のためにやろうと思ってそれが出来た時点で、自分のためにもなっているので一連の行為は、完了しているのである。したがって、たとえば相手がお礼を言わなかったから腹が立つということはおかしな話なのである。もちろん、お礼を言われればうれしいが、それはあくまでプラスアルファと捉えるべきことである。むしろ、自分がやりたいことをやらせてもらったということで、感謝の気持ちを持つのは私の方なのである。ボランティアをすることで、相手も幸せになり、自分自身も幸福になるのである。

ボランティアと宗教

　宗教とボランティアは、密接な関係にある。多くの宗教は、信じる人の心を救うとともに、信者に対して他者を救うことを説く。いわゆる利他主義である。
　ここでは、キリスト教と仏教、儒教を取り上げて、ボランティアにつながる利他主義の思想について見ていこう。

キリスト教における愛
　キリスト教では、神の愛を説く。イエス・キリストは自分に背いた者、迷える者もすべての者を無条件で平等に愛したのである。そして、キリストは人類のすべての罪を自分の命に代えて救ったのである。もう少し詳しく言えば、アダムがエデンの園にいる時に、神の教えに背いて禁断のリンゴを食べてしまったために、その時から人類は罪に染まった。それを原罪という。その原罪から人間を救うために十字架にかけられて処刑されたのが、キリストである。これを贖罪という。キリストの贖罪のおかげで人間は救われたのである。
　キリストは、人間に対して「神への愛」と「隣人愛」を説いた。隣

人愛とは、万人を分けへだてなく無条件に愛することである。聖書には、「互いに愛し合いなさい、わたしがあなたがたを愛したように、あなたがたも互いに愛し合いなさい」〔ヨハネ13:34、ヨハネ15:12〕、さらに、キリストは、「自分を愛してくれる者を愛したからといって、どれほどの手柄になろうか」〔ルカ6:32〕、「敵を愛し、憎む者に親切にせよ。のろう者を祝福し、はずかしめる者のために祈れ」〔ルカ:27-28〕というように、敵をも愛せと説くのである。

そして、その愛は、「人がその友のために自分の命を捨てること、これよりも大きな愛はない」〔ヨハネ15:13〕というように、命を懸けたものである。人類はキリストの愛によって救済されたのだから、人間が他者に対して自分の命を懸けて救うという行為は当然のことなのである。このように、キリスト教では、命を懸けて他者を救う、いわゆる自己犠牲にもとづいた救済が説かれている。

また、具体的なおこないとして、「帰ってあなたの持ち物を売り払い、貧しい人々に施しなさい、そうすれば、天に宝をもつようになろう」〔マタイ19:21、マルコ10:21、ルカ12:33、ルカ22:20〕、「あなたがたは、敵を愛し、人によくしてやり、また何も当てにしないで貸してやれ」〔ルカ6:35〕というように、無償の愛を説く。これは、まさにボランティア精神につながっている。

仏教における慈悲

仏教では、慈悲を説く。「慈悲は仏そのものであるとさえもいわれている。日本でも、慈悲は仏教そのものであり、仏は慈悲によってわれわれ凡夫を救うものであると考えられている」〔中村元〕と述べているように、慈悲は、仏教の中核を成す教義である。その意味は、一般的には「いつくしみ」「あわれみ」「思いやり」「同情」などである。

仏教における慈悲の特徴は、慈悲は無量であって限界がないのが理想である。限りがなく無限に与え続けるものなのである。また、慈悲は人間に対してのみの与えるものではなく、衆生に対しての心である。つまり、人間だけではなく動物や植物など一切の生きとし生けるものすべてに対する慈しみであり、思いやりなのである。

それでは、何故、慈悲を持って人間は他者を救わなければならないのだろうか。仏教では、すべての人間は自分を一番愛しているし愛すべきであるが、そういう気持ちは、自分だけでなく他の人々も同じで

自分のことが大切である、と考える。したがって、自分を大切にする人間は他人も大切にしなければならないのである。つまり、「自己を護ることが同時に他人の自己を護ることでもあるような自己は、もはや互いに相対立し相争うような自己ではない。すなわち一方の犠牲において他方が利益を得るというような自己ではない。むしろ他者と協力することによってますます実現されるところの自己である」〔中村〕。そして、私とあなたの自我を無くすこと、つまり無我になることで私とあなたという個対個の関係はなくなるのである。そうすることで私とあなたというように分節されていない自己、つまり私とあなたとがつながった、あるいは一体となった自己の利益が実現するというのである。このような心理状態を実現させるためには、修行が前提となる。仏法の修行をつむことで、自分を犠牲にして他者を救うということではなく、自分の幸せと他者の幸せは同じになるのだ。だからこそ、修行を積んで、慈悲を行使することの意味があるのである。

　仏教では、「善行」を積むことを説く。たとえば「諸悪莫作〔しょあくまくさ〕」、衆善奉行〔しゅうぜんぶぎょう〕、自浄其意〔じじょうごい〕、是諸仏教〔ぜしょぶっきょう〕という言葉がある。これは、悪いことをせずに、良いことを実行し、自分の心を清めるのが仏教の教えである、という意味である。仏教における善とは、煩悩がないことであるから、善行とは欲を持たないで清らかな心でおこなう行為であり、それが人のため社会のためになるということにつながるのである。したがって、いくら社会のため人のために良いことをおこなっても、名誉や金銭などの見返りを求めてのことであった場合は、善行ではない。偽善であり、悪行ということになる。このような見返りを求めないという思想は自然とボランティア精神とつながり、そのおこないそのものはボランティア活動という行為として現れるのである。

儒教における仁

　儒教では、「仁・義・礼・智・信」の五つの徳目を説く。特に孔子は、仁を最高の道徳とした。

　孔子は、仁をさまざまな角度から説いている。『論語』から読み取っていこう。まず、「樊遅、仁を問う。子の曰わく、人を愛す」と述べている。つまり、仁とは人を愛することである、というのだ。そして、「己れを克めて礼に復るを仁と為す。一日己れを克めて礼に腹れば、

天下仁に帰す。仁を為すこと己れに由る。而して人に由らんや」という。つまり、自分を慎んで他人に対する敬意を心がけて行動することが仁であり、一日でも自分の身を慎んで他人への敬意を心がけて行動すれば、世界が愛にあふれた状態になっていく。仁をおこなうのは自分次第であり、人頼みにするのは間違いである、というのだ。仁の実現は自分自身の問題であり、その実現にむけての修養が求められるのである。さらに、「夫れ仁者は己れ立たんと欲して人を立て、己れ達せんと欲して人を達す。能く近く取りて譬う。仁の方と謂うべきのみ」とある。つまり、仁の人は自分が立ちたいと思えば他人を立たせ、自分が行きたいと思えば他人を先に行かせる。他人のことでも自分のこととして考える。それが仁の考え方というものである、というのだ。自分のことより、他者のことを優先することから仁は生まれるのである。仁、つまり愛を実現するためには、自分を中心に据えるのではなく、私心をなくすことが重要となってくると言える。

　孟子は、性善説を唱えた。彼は、道徳の源は、本質的に人間の心の奥に内在しているものと考え（内在的道徳説）、「四端」つまり、惻隠（他者を見ていたたまれなく思う心）、羞悪（不正を憎む心、恥を知る心）、辞譲（譲ってへりくだる心）、是非（正しいことと間違ったことを判断する心）という四つの道徳感情があるとし、この四つを努力して拡充することで仁・義・礼・知という徳になると説いた。特に、「惻隠の心は、仁の端なり」ということで、人間は他者を見ていたたまれなく思う心が本来備わっており、それを広げることで愛の徳に到達するということである。

　儒教における仁の思想は、ボランティア精神と共通する利他主義的な考えと言える。

······ Let's work together! ·······················

① 今までにおこなったボランティア活動を上げ、やってよかったこと、思うように行かなかったことなどを発表し、グループで共有しましょう。

② あなたにとっての幸福とは何か、箇条書きにして、考えてみましょう。

③ キリスト教とは何か、仏教とは何か、儒教とは何か、その概要と歴史について、調べてグループで発表しましょう。

参考文献

三木清『人生論ノート』〔新潮社, 1987〕

中村元『慈悲』〔講談社, 2014〕

湊道子「ボランティア精神と宗教思想 ── ボランティア教育への提言」『実践女子短期大学紀要』第 32 号, 2011.

chapter 05

保障された自発的な活動
——ボランティアと民主主義——

はじめに

　私たち日本人は、はたして市民意識が醸成していると言えるのであろうか。はなはだ怪しいと思われる。「市民とはなんだろう」と考える以前に、自分が市民であるという自覚自体が薄いように思われる。しかし、これからは、市民意識の高まりが、わが国の発展には欠かせない。その理由も含めて、ここでは、市民と社会貢献について考えてみたい。

市民とは

　一般的に市民と言えば、「私は神戸市民です」という時の行政区分における市民である。県で考えれば県民、国で言えば国民というように、その違いにあまり思想的な違いはなく、私達もその違いを厳格に分けて使うことはない。この言葉を厳格に使い分けるのは私たちの側ではなく、役人の側である。市役所では市民、県庁では県民とはっきり使い分けている。

　それに対して、「市民活動」といった場合の市民という言葉は、民主主義の国では、国や社会を運営している成員の一人という意味になる。つまり、政治、経済、福祉など国の営みの多くは私たち一人ひとりが担っているのである。たとえば、政治は政治家がおこなっているがその政治家を選ぶのは私たちであり、また自分も政治家になる権利は持っている。したがって、政治家が悪いから国がだめだという言い方は上を向いてつばをはくことにほかならない。だが、わが国で市民活動と言えば、「市民」対「政府」、「市民」対「行政」という図式が突然現れてくる。つまり、国に対する抵抗勢力としての市民活動であ

り、市民とは政府の政策に対して反抗する者として立ち現れる。この構図は、戦後の民主主義のなかで培われてきた。戦後、本格的に民主主義の社会になると、戦前の全体主義のなかで埋没していた個が目覚め、個人としての私は自由を有するのであり国家権力から自由な存在であるという意識が、日本人に芽生えたのである。その強い流れが60年安保、70年安保を中心とする学生運動にまたたく間に広がったのである。現在は、過激な活動をする者はほとんどおらず、市民という意識を前面に出す人々はあまりいないが、いまだに市民としての権利は行政に対しての要望とか不満を主張することだと思っている人が多くいる。そう考えると、わが国の市民の背景には、やはり「市民」対「行政」という構図が残っていると言える。

　ところで、市民という発想の原点はヨーロッパの市民意識にあり、古代ギリシャのポリスにおける市民意識に始まる。この市民意識でいうところの市民とは、特権であり、それはポリスを守るという義務とその誇りでもあった。ポリス間同士の戦いに打ち勝った者だけが持つ特権であったのだ。当時のギリシャでは、すでに民主制によって政治がおこなわれていたが、それはその特権を持った市民における民主主義だったのであり、多くの奴隷にはもちろんその特権はなかった。中世における都市共同体においては、個人が主体的・合理的な態度を持ち、権利と義務を自覚し、自治と連帯を志向し、その生活を脅かす者には抵抗し戦う姿勢をとることにつながっていった。ここでも市民は一部の商工業者たちの勝ち得た身分であった。さらに、それがヨーロッパの近代社会の精神的骨組みとして受け継がれ、17世紀半ばのイギリス革命、18世紀後半のフランス革命を経験しつつ、現代の国民全体におよぶ市民意識が確立していると言える。つまり、ヨーロッパの市民意識は、市民としての身分を得られるという特権とそれに対する誇り、それを守るための義務が前提にある。そして、近代以降、近代的自我の確立とともに、人々は個人の意思や自由、権利を主張するようになり、市民の自覚として、あるいは市民の概念として成立した。

　このような流れのなか、市民意識とは古くからある「公共」と近代以降に組み込まれた「私」が重層的に重なり合ったものなのである。したがって現代においても、いざという時は公共のために戦うということも辞さない精神性がある。本来、市民には、「自分たちが作ったコミュニティや国家は命をかけて守る」という自覚があるのである。つ

まり、自分たちの国家における権利と義務が明確化されているのが市民とも言える。

　一方、現代の日本は、専制国家でもなければ軍国主義の国家でもない、民主主義の国家である。つまり、日本政府は私たちによって、私たちの投票で選ばれた議員によって構成されているのであり、私たちも議員に立候補することもできる。したがって、理屈上、政府対市民という対立関係はない。政府を作っているのは、市民である。問題があるのならそれは運用の問題や選択の間違いの問題である。このことを自覚しなければならない。何か問題があったら、選挙で政府をかえれば良いし、システム上の問題なら、システムそのものを改良すればよいのである。あくまで市民による国であり、対立関係ではない。また、ひとり一人の市民が国を形成しているという意識は、公共性の原理にのっとっていなければ成立しない。個人の、私の利益だけを考えていたのでは、社会は成り立たない。

公共と社会貢献

　「公共」とは個人の実現する価値とは違って、社会的に共通に実現していくべき価値である。しかし、最初から社会全体のため、国家のために個人を意図的に無視し、犠牲にするということではない。個人の利益と社会の利益を考えて、どちらが合理的に有益であるかを選択して、社会の利益が合理的に有益であると判断されたときに公共が成り立つのである。

　ところで、この公共意識は、アメリカでは、大変発達している。なぜならば、約400年前にイギリスからアメリカのマサチューセッツ州プリマスに移り住み、それから西に、南に勢力を広げていき、広大な土地を幌馬車に乗って牛を連れて、もともと住んでいるインディアンを征服しながら勢力範囲を広げていった。フロンティア精神はアメリカからできてきた開拓精神である。イギリスから自由を求めてきた人、ヨーロッパからやってきた人たちがどんどん開拓していき小さな政府ができたのである。日本では「お上」という言葉がある。私たちは、お上、つまり政府や地方自治体に何とかしてもらおうという感覚が強い。お上は怖いけれど逆に守ってくれる、いろいろなことをしてくれると思っているのである。それに対して、当時のアメリカは何も

してくれない。たとえば、ある場所に長く住んでいれば町ができて市役所の人がいろいろなサービスをしてくれるが、次々と西に向かって開拓していくわけである。私たち日本人は、金儲け以外のことは政府とか市役所が福祉や教育をやってくれる。しかし、当時のアメリカではやってくれる人がいなかったのである。といって、自分のことだけ考えて、自分ひとりで何かをしようとしても限界がある。大したことはできない。したがって、たとえば福祉とか教育について、自分たちで、地域のみんなでやるしかない。それをおこなうために、早い段階からNPOなどの組織ができたのである。「自分たちの命は自分たちで守る」、「自分たちの福祉は自分たちでしないといけない」「自分たちの子どもの教育は地域で面倒みなければいけない」というように「私」を超えて、「私たち」意識が高まり、それが公共性につながっていったのである。

この公共という意識は、日本では、「市民」と同じように、あまり意識もされておらず、「公共」というと政治とか行政、もっと身近に言えば市役所の職員が担当している仕事というようなイメージしか持たないであろう。わが国では公共性を維持するのは役所、「お上」という意識が昔からある。したがって、市民と言った場合、それは私的な利益を追求したり、役所に対して反対したりクレームをつけたりという側面が強調されすぎてきたように思われる。

また、公共を意識したら国や行政との対立関係として捉えるという、未だに未成熟な関係が生じてしまっている。

公共の場において、公共の人として、つまり市民としての生き方を確立し、社会を自分たち市民が作っていくという自覚が重要である。

民主主義社会のなかで

わが国では、ボランティア活動は根付かないとよく言われるが、その一つの理由が、「市民意識の薄さ」「公共性の欠如」にあると言われる。つまり、市民としての意識、公共の意識は、いまだに低いと言わざるを得ないのである。

市民の本来の意味は、公共性の形成に自律的・自発的に参加するということであり、市民が自分自身のこと以外に自発的に関わり活動す

るということである。それこそが市民による社会貢献活動であり、ボランティア活動なのである。これからは、成熟した市民社会を形成するためにも公共性を意識したボランティア活動の普及、定着が求められる。

　一方、行政という側面から見てみると、わが国ではすでに行政サービスの限界が見え始めており、これからの社会は行政が公益事業のすべてをカバーできなくなる。つまり、政府が小さくなると、行政により実現する公益事業は少なくなる。特に、少子高齢化が深刻化している現在、高齢者介護も行政サービスだけではまかないきれなくなっている。これを補うのがまさに市民によるボランティアである。補うというより、より積極的に市民がボランティア活動を通じて公共に関わっていくことが、地域コミュニティの形成やそれに根ざした国際交流、協力活動の盛んな社会を作っていくことになる。行政では手が届かない、人と人のつながりや多様なネットワークの形成、顔が向き合ったきめ細やかなケアなどの積み重ねが、現在忘れ去られようとしている地域コミュニティの再構築につながるからである。特に公共性の高いボランティアの必要性は、大規模災害時に大きな役割を果たすということについて、私たちは阪神・淡路大震災や東日本大震災で学んできた。大規模災害時、行政ではどうしようもできない被災者救助や被災者支援活動は私たち市民が主体的かつ迅速に対応しなければならないということを痛感したのではないだろうか。さらに、国際交流・協力活動などの政府主体の活動も、地域のNPOやNGOといった民間組織が活発に活動することで、地域と国際をつなぐことになり、いわゆるグローカルな活動へと発展していく架け橋となると考えられる。

　私たちが、市民としての権利を得て暮らしている以上は、当然義務が生じる。その義務は一般的には税金を払うことであるが、もう一つ大切なことは公共のために何かをするということである。その何かの一つがボランティアである。

　ボランティアとは、自発的な活動であり、その活動は民主主義の国では個人として与えられた権利として保障されているのである。ということは、市民の「義務としてのボランティア」という側面もあるということだ。この「権利としてのボランティア」と「義務としてのボランティア」を自覚し、主体的に活動することが醸成した市民意識の一つの具体的な表現形態であり、社会を支え、発展させていく原動力

となると考える。

　21世紀において市民社会を発展させていくためには、公共性に基づいたボランティアは不可欠な存在である。個人の確立と公共性の形成、つまり主体性と社会性を兼ね備えた市民による成熟した社会を実現させることが、私たちが住み心地の良い社会を後生に残すことになる。

市民意識と市民活動の場

　これからの社会をよりよい者にしていくためには、市民意識の醸成と市民活動の活性化が不可欠である。それを具体的に実現していくための組織が、NPOであり、NGOであると考える。

NPOとNGOとは

　NPOは、Non-Profit Organizationの略語であり、「民間非営利団体」「民間公益組織」などと訳されている。非営利と同時に、非政府である（政府機構の一部ではない）こと、公益のために自主的、自発的な活動をおこなうことなども意味する。つまり、市民による公共のための活動組織である。

　NGOとは、Non-Governmental Organizationの略であり、直訳すれば「非政府組織」ということになる。もともとは、国連と政府以外の民間団体との協力関係について定めた国連憲章第71条のなかで使われている用語である。国連では、NGOのもつ専門的知識・能力に基づく情報や助言を得ること、経済社会理事会との協議上の地位をNGOに与えることとしている。わが国でも、NGOは、おもに国際協力に携わる「非営利」で「非政府組織」「民間団体」のことを意味する。

　活動内容は、開発、人権、環境、平和などが抱える問題に対しての支援活動であり、地球規模の問題に国境を越えて取り組んでいる非営利の市民主体の民間組織である。

　このようにみるとNPOとNGOは、どちらも非営利で非政府の組織であり、市民団体、ボランティア活動の推進団体、公益法人の一部などが該当する。

　しかし、わが国では、NPOとNGOは、一般的には、その言葉の成

立過程が、NGOは国連との関係から、NPOは政府や企業との違いから作られてきたという経緯がある。その点を捉えて、日本では、NPOを「地域社会で福祉など公共的な問題に取り組む団体」、NGOを「国際協力に携わる非営利民間団体」、と捉える場合が多い。あるいは、広く非営利活動に取り組む組織はNPOであり、そのなかで主として国際協力を実施している組織をNGOと呼ぶこともある。

わが国における活動の課題

近年、わが国のNPO、NGOの活動は、相当活発になってきた。しかし、まだまだ海外のNPOやNGOに比べ、規模や資金力、専門性などで多くの課題がある。

その理由は、活動をおこなっているメンバーの市民意識は高いが、それは一部の市民に限られており、多くの市民はボランティア活動や国際協力活動に対する意識が薄い。特に国際協力については、よその国の出来事という感が強い。

これからのわが国のNPO、NGO活動を活発化させ、発展させていくためには、組織力の強化が求められる。つまり、現段階では、支援活動をライフワークとなし得る、安定したNPO、NGOが国内に育っていないのである。その大きな原因は、資金力がないということである。たとえば、中核をなすスタッフは、専任スタッフの必要がある。そのためには、専任スタッフが生活をしていくだけの給料がなければ続けることは難しい。

欧米のNPOやNGOは、企業などから多額の資金援助を受けている。わが国の場合、企業の社会貢献に対する理解の低さと、それをサポートする法律上の問題もある。これから改善されるべき課題は多い。

······ Let's work together! ······

① 自分たちが、市民であるということを、もう一度グループで話し合ってみましょう。そして、自分が市民の一員としての自覚があるかどうか、考えてみましょう。

② 現在の社会において新たな問題となっている事柄で、まだ政府や自治体が対応できていないことでNPOやボランティア団体がすべきことに何があるか、グループで話し合ってみましょう。

③ 特定非営利活動法人（NPO法人）について、調べてみましょう。

参考文献

佐伯 啓思『「市民」とは誰か —— 戦後民主主義を問いなおす』〔PHP研究所, 1997〕

前林清和『Win-Winの社会をめざして —— 社会貢献の多面的考察』〔晃洋書房, 2009〕

日本国際ボランティアセンター『NGOの選択』〔めこん, 2005〕

chapter 06

内的報酬をめぐって
──ボランティアと搾取──

はじめに

　ボランティア活動に行ったところ、当初の説明とは異なる活動や思ってもみなかった労働をすることになり、がっかりした経験をした人はいないだろうか。ボランティア活動は、Chapter 1 でも述べられているとおり、自発性、無償性、利他性、公共性といった原則に基づいておこなわれる。社会の誰かの役に立つ活動を自発的におこなうことがボランティアであるが、ボランティア活動をする人の多くが、自分の経験のため、自分の自己実現のため、友人を作るため、などさまざまな目的で活動に参加している。しかし必ずしも、これらの目的に合致した活動に関わることができるとは限らない。例えば、阪神淡路大震災時に全国から駆け付けたボランティアたちが、避難所運営のトイレ清掃をすることになり、「こんなはずではなかった」と投げ出してしまったという話もある。避難所運営といっても、そこでおこなわれる活動は、知識が必要な活動、技術が必要な活動、体力が必要な活動から、軽作業まで多種多様である。近年では、主催者側が事前に説明会を開催したり、現場のニーズとボランティア側ができることとのマッチングをしっかりしたりすることで、「こんなはずではなかった」を回避できるように努めている。

　一方で、ボランティア人口が増え、ボランティアの活動も多様になってきているなかで、ボランティアに過剰な労働を強いたり、アルバイトや社員と同等の活動をボランティアに求めたりするなど、ボランティアを募集する側が都合よくボランティアを使っているケースも増えてきている。そこで、ここでは、ボランティアをする側が充実した活動をするためにも、そして、ボランティアを募集する側がボランティアに対して誤った認識を持たないためにも、活動をするにあたって

の「やりがいの搾取」について論じていきたい。

報酬と有償ボランティア

労働の対価として支払われる報酬には、給料や昇給、昇進・昇格といった金銭的地位的な目に見える具体的な外的報酬と成長ややりがい、充実といった精神的な内的報酬の二つがある。ボランティアの原則として無償性があるが、これは経済的な対価を主たる目的としないということであり、ボランティアの活動において給料は発生しない。したがってボランティアにおける報酬は、後者の精神的な内的報酬となる。しかしながら、実際にはボランティアにおいて金銭を支払う有償ボランティアが存在する。これに対して「無償性のボランティアなのに有償ボランティアがあることは矛盾していないか？」といった疑問をしばしば持たれる。そこで有償ボランティアについて理解を深めていきたい。

まず、ボランティアの無償性とは、ボランティア活動を経済的な対価を主たる目的としないことを指すが、これは必ずしもボランティア活動における費用をすべてボランティアが負担しなければならないということを指しているわけではない。ボランティア活動をするにあたっては、どうしてもボランティアをする側が支払う費用が生じる。それをカバーしましょうというのが有償ボランティアである。

ボランティア活動をするにあたっては、必ずしも地元でおこなう活動ばかりではなく、ボランティアのほとんどが地域を限定することなく募集されているため、活動をする場所によっては交通費が必須となるケースは多分にある。交通費を金銭として支払う場合もあるが、近年では震災復興のために、地方自治体や企業、大学やNPOがボランティアバスを運行し、交通費の軽減や無償化を図る取り組みも増えている。また、活動内容によっては食事の時間を挟む場合もあり、お弁当や食事の提供があるケースも少なくない。参加者と一緒に野外クッキングをする活動では一緒に作った料理を共に食べることも活動に含まれるし、大規模なイベントなどでは、ボランティアのための食事ブースが設けられたりもする。

さらに、専門的な知識や技術に対して金銭が支払われるケースもある。ボランティアの活動のなかには知識や技術を必要とする活動もあ

る。映像や編集などのカメラ技術、けがや病人のための応急処置や救命救急、乳幼児のケア、法律や建築の知識や技術、調理や栄養の知識、車や機械を動かすための知識や技術など多種多様である。このような専門的な知識や技術を要するボランティア活動においては有償ボランティアであることが多い。そもそも専門的な知識や技術は緊急の場合を除いて、本来無料で提供するものではない。なぜなら、彼らは職業としてその知識や技術を使うことによって報酬を得ていたり、その知識や技術を身につけるために専門的な勉強をするなどの時間的経済的な投資がおこなわれたりしているからである。また、人の命に関わる可能性の高い活動の場合には、他の活動に比べると一層の準備や意識も求められることになる。この場合の有償に対する解釈としては、さまざまあるが、他のボランティアと同様に活動に費やした労働に対する対価は無償で、専門的な知識や技術を提供することに対する対価が有償であるというのが最も有効であろう。

　こういった、ボランティア活動をする上で実費として支払う交通費や弁当など食費の補助があれば、身一つで参加でき、ボランティアの参加へのハードルがずいぶんと低くなる。また、専門的な知識や技術を要したり、リスクを伴ったりする活動はボランティアとしては多分に求められるが、他のボランティアに比べると圧倒的に参加者が少ない。知識や技術に対する対価を有償にすることで、これらのニーズにこたえることが可能となっている。

やりがいの搾取とは

　「搾取」という言葉は、大辞林 第三版では、階級社会において、生産手段の所有者が生産手段をもたない直接生産者から、その労働の成果を無償で取得することとしている。わかりやすく言えば、雇い主などが労働者などを低賃金で使用し、不当な利益を搾り取るといった行為を指すが、この「搾取」という言葉は、カール・マルクスが産業革命後の階級社会における支配者階級と労働者階級との経済的な関係を定義したものである。

　この「搾取」という言葉を使って、本田〔2011〕は「働きすぎ」という現代社会の問題において、企業の意図によって自己実現的な「働き

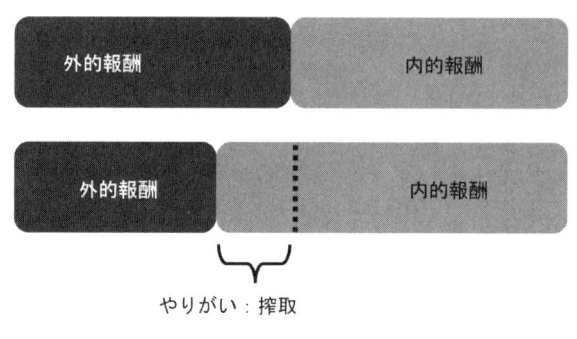

図6-1　内的報酬からのやりがい搾取

すぎ」を作り出す「〈やりがい〉の搾取」があることを指摘している。1990年代以降、日本の企業は、正規労働者と非正規労働者という二つのグループを生み出し、正規労働者には安定雇用と相対的高賃金の代償として、あらん限りのエネルギーと能力、そして時間を仕事に注ぎ込むことを求め、非正規雇用者にはエネルギー・能力・時間の仕事への投入を求めない代償として、不安定雇用と低賃金にさらしてきた。しかし2000年代半ば以降、企業は正規雇用者を減らしたり、正規雇用者の賃金引下げと同時に、安定雇用の保証や高賃金という対価なしに、労働者に高水準のエネルギー・能力・時間を求めたりするようになってきた。企業は、その実現のために仕事そのものに趣味性やゲーム性を持たせたり、「人のために」と言った奉仕性、サークル性・カルト性などの要素を付加したりして、労働者特に若者の「やりがい」からワーカホリックを生み出し、搾取している。つまり労働における給料といった外的報酬が少ないにも関わらず、それ以上の働きを求めて、その分をやりがいといった内的報酬で補填させてきた【図6-1】。

　しかも、これらのような企業側のトリッキーな仕組みに加えて若者たちのなかにも「〈やりがい〉の搾取」を受け入れてしまう素地が形成されている。例えば、好きなことややりたいことを仕事にすることが望ましいという風潮のなかで、成果を出せばその分給料に反映する裁量性や創意工夫の余地がある仕事が憧れの対象となっていたり、自分の生きる意味を他者から認められることによって見出そうとしたりするなど、「人の役に立つこと」を求める意識が現代の若者には強いこと。さらに、夢の実現などといった価値に向かって、若者が自分を瞬

発的なハイテンションに持っていくことでしか乗り切れない厳しく不透明な現実も存在する。

　2016年にTBSテレビで放映された『逃げるは恥だが役に立つ』というドラマのなかで、主人公が、結婚したら女性が家事をするという世間一般の認識に対して「愛情の搾取」だとして相手のプロポーズの理由を非難したり、商店街のイベントで頼まれた手伝いに対して「やりがいの搾取」と述べたりことも話題に上った。

搾取されるボランティア

　では、ボランティアにおけるやりがいの搾取とはいったいどういうことであろうか。「搾取」ということばが成り立つ条件として、基本的な生産手段の所有者と非所有者という階級関係が存在していることがある。これは雇う側と雇われる側、言ってみれば賃金を支払う側と支払われる側といった雇用関係にあることを指す。ボランティアは基本的に無償性であり、報酬といった金銭のやり取りが発生しない。そのため、その活動に参加する者やボランティアを募集する側との関係において搾取をする・されるといった上下関係はない。しかし、ボランティア活動において、この「やりがいの搾取」にあたるものがないとは断言できない。ボランティアは、しばしば安易な労働力とみなされたり、善意ややる気に付け込んで報酬を支払わずに労働力を得ようとする「ただ働き」の対象とされたりすることがある。

労働による搾取

　ボランティアに過剰な期待や労働を押し付けることは搾取と言える。ボランティアをする側にとっては、ボランティアの活動に参加すること自体が目的であったり、活動を通して価値を見出すために参加したりしている人もいる。しかしボランティアを募集する側がボランティアをアルバイトに代わる体の良い労働者とみなして、過剰な期待と労働を押し付けるケースも少なくない。

　たくさんの協賛金などを募って催される大規模イベントなどでは、ボランティアはなくてはならない存在であるが、同時に賃金が発生する役員やアルバイトなども置かれるケースがある。イベントを開催するためには、皆がそれぞれの役割を存分に理解し、取り組む必要があ

るが、役員やアルバイトとして同じイベントにスタッフとして参加して報酬を得るものと、ボランティアとして無償で参加する人たちが混在する場合、特にアルバイトとボランティアによって業務を区別することなく、募集方法のみを区別する場合には搾取されていると考えられる。語学が学べる、スポーツができる、素晴らしい経験が得られるなどとボランティアの募集を謳っておきながら、一方で運営に必要だという理由で雇ったアルバイトと同一の業務をさせるケースなどである。時間的制約や活動内容が同じであれば、給与が得られた方が良いに決まっている。それを自発的にやりがいをもって参加したボランティアに、アルバイトには支払う給与を支払わず、無償性という盾でタダ働きをさせるといったことがしばしばおこなわれている。

動員による搾取

　ボランティア活動において最も重要となるのは、自分の意志での参加か否かという点である。ボランティアの語源は志願兵であることから、自発性がボランティアにおいて最も重要な定義となる。自ら発する「やりたい！」という気持ちから、自ら考え行動することが求められる。しかし、多種多様なボランティア活動のなかには、動員によっておこなわれている活動もたくさんある。

　近年では、教育の現場においてボランティア活動が注目されるようになり、被災地支援として大学がボランティアバスを出したり、ボランティア活動が単位化されたりするなどさまざまな取り組みがおこなわれている。ボランティア活動に参加しやすい環境を整備するためであったり、ボランティアをする学生を応援するためであったり、ボランティア活動のための教育（ボランティア教育）であったりなど教育的意義も十分にある。一方で、大学生がボランティア活動への動員として利用されているケースがあることは無視できない。特に大学生は社会人よりも時間的拘束が少ないため参加を促しやすく、若い人たちの参加によって地域活性化やイベントの活性化に直結するなどの理由から、市民の社会参加をすすめたい行政が大学側に大学生の動員を要請するケースが少なくない。なかには、大学生のボランティアありきで企画されたイベントや、大規模イベントで大学生のボランティア動員のために授業や試験の日程の配慮や単位認定を大学側に要請することなどもおこなわれている。

また、教育の現場のみならず、企業においても同様のボランティアへの動員がおこなわれている。近年では企業がCSR（社会的責任）としてさまざまな社会的貢献に関わるイベントをおこなっている。そのなかで企業内部からイベントに参加する社員を募るケースもある。純粋に自発的な意思を持ってボランティアで参加するケースは別として、人数集めのための動員がおこなわれるケースも少なくない。また、さまざまな協賛企業を募って開催する大規模イベントなどにおいては、各協賛企業からからボランティアという名の動員が要請されることも多々ある。

　これらはそもそも、欧米に比べるとボランティア活動に対する認識が薄い日本において、ボランティアに参加する人たちの数が相対的に少ないにも関わらず、ボランティアを募集する側がボランティア頼みの姿勢でいたり、ボランティア参加者によってイベントが開催されることをPRしたがったり、社員がどれだけボランティアに参加したかを企業のコンプライアンスとして重要視したりするために起きる。

　自らの意思ではなく、ボランティアという名目で動員された人たちにとっては、機会費用（時間的拘束によって本来働けばその分得られる収入）が得られないという状況を作り出しており、動員による搾取であると言える。

知識や技術による搾取

　ボランティアに対して有償にするか無償にするかについては、ボランティアを募集する側に委ねられており、ボランティアをする側が求めるものではない。しかし、専門的な知識、技術や資格を要したり、人の命を扱ったり、やさまざまなリスクを伴う活動である場合には、ボランティア活動であったとしても、緊急ではない限り有償であることが多い。

　2020年に開催される東京オリンピックは8万人のボランティアの参加を目指しているが、選手のケアをおこなうスポーツドクターなどまでもをボランティアで募集しようとしている。

　そもそも、市民が参加するイベントであったとしても、国を挙げておこなうイベントであったとしても、専門家が必要不可欠である場合には、有償ボランティアではなく、正当な対価を支払って雇用をするべきである。

それにも関わらず、これらの専門家としての活動において無償でのボランティアが求められているということは、それらの知識、技術や資格、人の命を軽視しているということと同義ではなかろうか。

まとめ

　これらボランティアにおける「〈やりがい〉の搾取」を見てきたが、そもそもこういった条件下においても自身が目的ややりがいを見出し自発的に参加するボランティアの人たちはたくさんいる。問題となっているのは、そういう人たちを、意欲を持ってただで働いてくれる人たちと都合の良い理解をしているボランティアを募集する側の組織が存在することである。一昔前、恋心を持った男性を女性の都合の良い「脚」になることを「アッシー君」と呼んだが、ボランティアをする側も都合よく使われないようにする必要があろう。

····· Let's work together! ······························

① 有償ボランティアの事例を挙げてみましょう！

② ボランティア教育とは何か調べてみましょう！

③ 「〈やりがい〉の搾取」をされないためにはどうしたらよいか考えてみましょう！

··

参考文献
本田由紀『軋む社会　教育・仕事・若者の現在』〔河出書房新社, 2011〕

chapter 07

スキル・資格・学び
──ボランティアと専門性──

はじめに

　まず、本題に入る前に本書の読者に考えて欲しいことがある。「ボランティアに専門性は必要か」という議論である。

　筆者の答えは、「ボランティアの内容によって異なる」とひとまず答えておこう。一言でボランティアと言っても、その内容、求められるニーズは異なり、とても範囲が広い。要件を問わず、誰でも希望すれば活動できるボランティアもあれば、ある程度のスキルを求められるものまで、幅広い。

　基本的にボランティア活動は自由意志であり、やりたいと思う人がやることが最も意味があることである。

　2018年の流行語ともなった「スーパーボランティア」はマスコミが作り上げた造語であるが、決して専門性があるわけではない。自分の余暇の時間を惜しまず、進んで行動するボランティアは誰もが「スーパーボランティア」と言えるであろう。

　大学生がボランティア活動をおこなう場合は、ボランティアセンターを介した活動、ボランティアサークルとしての活動、ゼミ活動などがあるが、学生自身が学んでいる学部学科の学びを活かしておこなうボランティア活動は、専門性と言って良いだろう。

　さらに、単にボランティア活動をおこなう人だけに限らず、そのボランティアを支える人という意味での専門性も重視されなければならない。ボランティアが活動をすすめていくには、ある程度、組織的におこなっていく必要があり、そこで求められることもボランティアの専門性である。

　本章では、①ボランティアに活かされるスキル、②ボランティア関連の資格、③大学の学びを活かすボランティア活動の三点から専門性

を明らかにしていきたい。

活かされるスキル

ラグビーワールドカップ2019日本大会が2019年9月に開幕する。この大会はアジア初の大会であり、これまでラグビー伝統国、強豪国と言われた国での開催ではないということからも注目されている。翌年は、東京2020オリンピック・パラリンピック大会が開催されることから、国際大会のボランティアに関心が高まっている。

全1都市において10,000人のボランティアの募集をおこなったが、これに対し38,000人の応募があり、この応募数はこれまでの大会のなかで最多となっている。オリンピック・パラリンピックにおける都市ボランティアは、30,000人の募集が予定されているが、このうちの10,000人はラグビーワールドカップでの活動経験のあるボランティアがあてられることになっている。

ラグビーワールドカップのボランティアは、試合が終わればお互いをたたえ合うという精神から「TEAM NO-SIDE」と名付けられ、大会公式ボランティアプログラムの名称も「NO-SIDE」となっている。ボランティア内容は、【表7-1】の11種類と2種類の特別なロール【表7-2】となっており、歓迎されるスキルにはいずれも語学力が必須となっており、英語の他に、フランス語、スペイン語、イタリア語、ロシア語が問われている。

災害ボランティア／テクニカル系ボランティア

筆者が「テクニカル系ボランティア」という名称を聴いたのは、2014年の丹波豪雨災害のときである。このときに観測された最大48時間降水量は278.5ミリとなり、土砂災害、浸水被害が発生した。この災害の大きな特徴は、林地崩壊が116ヵ所、道路冠水64ヵ所。土砂堆積は道路81ヵ所、河川28ヵ所、農業用排水35ヵ所、農地140ヵ所。崩落などでは、道路79ヵ所、河川26ヵ所と家屋被害に加えて、農地の被害が大きかったことである。これらの災害の大きさを知るには国土地理院〔2014〕が航空写真を公開しているが、十数箇所で土砂災害が発生し、山肌があらわになっているのがわかる。山からはスギやヒノキなどが根こそぎ流れ込み、家屋を倒壊し、川をせき止め、浸水被害をもたらし

表7-1　ラグビーワールドカップのボランティア種類と内容

No	種類	内容	スキル
1	街中＆ファンゾーンガイド	開催都市の街中、空港、駅、ファンゾーン、スタジアム周辺における観戦客誘導。	日常会話程度の語学力。
2	会場内観客サービス	スタジアム内において、観戦客を案内する。	日常会話以上の語学力。
3	フリートサポート	大会関係者が会場間を移動する際に車を運転する。	自動車普通運転免許
4	輸送サービス	駐車場に車を駐車してから、会場までのサポート。駐車場誘導とは異なる。	日常会話程度の語学力。
5	関係者パス発行	関係者のパスを発行する。	日常会話以上の語学力。PC操作。
6	VIP対応	大会関係者の受付・案内	ビジネスレベル以上の語学力
7	メディアサポート	国内外のメディアが円滑に取材できるよう、さまざまなサポート。	会場内をは走り回る体力。ビジネスレベル以上の語学力。
8	テクノロジーサポート	無線機などの受付、会場内PCの不具合サポート。	ビジネスレベル以上の語学力。情報機器の
9	ケータリングサポート	スタジアム内において、飲食の手配・運搬に関するサポート。	試合前日の活動も参加可能。
10	会場運営サポート	スタジアム内の運営本部にて、担当スタッフの活動をサポート。	日常会話レベル以上。
11	スタッフサポート	スタジアム周辺に設置されるWFKセンターにて、当日受付や休憩所の運営をサポート。	試合前日の活動も参加可能。

表7-2　特別なロールのボランティア

No	種類	内容	スキル
1	メディアスーパーヴァイザー	各国のメディアの対応	ネイティブ以上の語学力。
2	ライツプロテクションスタッフ	大会期間中の試合会場周辺偽物商品のパトロール	法学の知識。体力

た。被災家屋は2500棟に及ぶ。このように、林地や農地での被害が大きかったことから、丹波豪雨災害ではテクニカル系ボランティアが必要とされたのである。

テクニカルボランティアとは、チェーンソー、高圧洗浄機、発電機、ポンプなどの動力系資機材を使用して活動をおこなうボランティアである。また重機ボランティアはユンボなどの重機系を使用して災害支援活動をおこなうものである。これらを総称して、テクニカル系ボランティアと言われている。

このとき、チェーンソーや重機で倒木などを処理する一般社団法人「熊野レストレーション」（三重県）を知った。彼らは被災寺院の解体など一般のボランティアにできない重機やチェーンソーを使用して活動していた。また、「丹波レストレーション」は、この災害で立ち上がったテクニカル系ボランティア団体である。さらに。全国の仲間と「日本テクニカルボランティア協会」も立ち上げられている。

災害ボランティア活動は、多くのボランティアを必要とする。原則は、志のあるボランティアが自分の意志で現地に足を運び、活動することである。

ボランティア関連の資格

近年、ボランティアの専門性が問われる資格制度が創設されている。ボランティア活動そのものに資格の有無は問われないが、資格を持つことで活動がより活性化することが期待できる。

資格で問われることは、より専門的な知識や技術であり、専門職としての位置付けである。そのような意味でボランティア活動に関連する資格は、専門家としての資質の向上やボランティア活動の普及など

の実践活動を伴うものである。

ボランティアコーディネーター

　ボランティアコーディネーターというボランティア領域の専門家の名称が広く認知されるようになってきたのは、東日本大震災が契機となっている。東日本大震災では災害ボランティアセンターが開設され、そこでボランティア活動のコーディネートをおこなう人のことをボランティアコーディネーター、あるいは災害ボランティアコーディネーターと言い、ボランティアと地域社会をつなぐ調整役として注目されてきた。

　特定非営利活動法人日本ボランティアコーディネーター協会は、ボランティアコーディネーターを以下のように定義している。「一人ひとりが社会を構成する重要な一員であることを自覚し、主体的・自発的に社会のさまざまな課題やテーマに取り組むというボランティア活動を理解してその意義を認め、その活動のプロセスで多様な人や組織が相互に対等な関係でつながり、新たな力を生み出せるように調整することにより、一人ひとりが市民社会づくりに参加することを可能にするというボランティアコーディネーションの役割を、仕事として担っている人材（スタッフ）のこと」とされる。

　さらに、ボランティアコーディネーターには八つの役割が求められている。

1. 受け止める　市民・団体からの多様な相談の受け止め
2. 求める　　　活動の場やボランティアの募集・開拓
3. 集める　　　情報の収集と整理
4. つなぐ　　　調整や紹介
5. 高める　　　気づきや学びの機会の提供
6. 創り出す　　新たなネットワークづくりやプログラム開発
7. まとめる　　記録・統計
8. 発信する　　情報発信、提言、アドボカシー

　協会では、ボランティアコーディネーション力検定をおこなっており、3級から1級の資格取得が可能となっている。
　ボランティアコーディネーターは、「市民の社会参加を支えるプロ」

であるが、資格そのものが職業に繋がっているケースでは、社会福祉協議会の職員や大学ボランティアセンターなどに配置されてる。

社会貢献活動支援士

社会貢献学会は2011年に発足した新たな学会である。その学会の立ち上げと共に、社会貢献活動支援士〔SSASS: Social Service Activities Support Specialist: ソシエーター〕の資格制度が確立され、現在、第7回までの認定試験がおこなわれている。

社会貢献活動支援士は、「社会貢献、防災・減災、ボランティア、福祉、環境などの専門知識を身につけ、災害やボランティアの現場でリーダーシップを取り活動することができる人材であることを認定する制度」とされ、平常時の防災活動や非常時の災害活動の対応に貢献できる人を認定する新資格である。

平常時においては、それぞれの専門知識と能力を活かした活動を実践し、災害などの非常時においては、平常時から培った知識及び技能、社会貢献活動支援士同士のネットワークを活かし、災害現場でリーダーシップを発揮し活躍できる人材となるものである。

資格取得の要件は、防災やボランティア、福祉、環境などの分野で3年以上活動の経験があることが基本であり、5年以上の経験がある人は所定の講習を受ければ認定される。5年未満の場合は、講習と認定試験を受けて合格する必要がある。受験資格を得るための講習は、「社会貢献活動支援士」として必要な資格制度、使命や役割、技術を習得することを目的に実施され、5時間の講習後、同日に認定試験も実施される」(全国3ヵ所で開催)。また、この資格は、東北福祉大学、工学院大学、神戸学院大学によるTKK3大学連携によるプログラムであり、3大学の学生も共通カリキュラムによる単位修得により受験資格が与えられるようになっているが、他大学への普及にはもう少し時間がかかりそうである。

大学での学びを活かして

浜松市は、市内にある浜松学院大学、静岡文化芸術大学、常葉大学、静岡大学、聖隷クリストファー大学の5大学と連携して、「浜松市の生涯学習を一層推進する」ことを目指して大学生による講座を開催して

いる。

　これらの講座は大学生が講師となって、大学の学びを活かした講座を自ら企画・立案し、学生が講師となって「市民と互いに自己の学びを深めること」を目的としている。大学によってはカリキュラムに組み込み単位認定しており、全国的にも先進的な取り組みとなっている。

　講座内容は学生が大学で学んでいる学部学科の学びの延長となるもので、筆者の大学でも、9講座が企画・運営されている【表7-3】。

表7-3　浜松市連携講座の一例

No	講座名称	対象	学科
1	「コミュニケーションを引き出すワークショップ	幼児（3〜5歳）	こども健康学科
2	ウォーキング「walking を thinking」	一般成人	理学療法学科
3	「自分でできるセルフケア」	中高校生	健康鍼灸学科
4	「ぴかぴかどろだんごをつくろう！」	小学生	健康柔道整復学科
5	「かっけこ改善で球技力アップ」	小学生	心身マネジメント学科
6	「走る、跳ぶ、勝つための筋肉の動き」	小学校高学年	心身マネジメント学科
7	「親子で楽しむ格闘系エクササイズ」	小学校低学年・親子	心身マネジメント学科
8	「さまざまなバレーボールを体験する」	小学生〜中高校生	心身マネジメント学科
9	「浜松で世界一周！ 〜世界遺産を知るための豆知識〜」	年齢制限なし	経営学科

Let's work together!

① ボランティア活動のなかで専門性が必要とされる場面を考えてみましょう！
なぜ、専門性が必要なのか、何ために必要なのか考えてみましょう！

② 大学のボランティアセンターで働くコーディネーターの仕事内容、役割を調べてみましょう！資格をもっていることで仕事に役立っていることをインタビューしてみましょう！

③ 東京2020オリンピック・パラリンピックのボランティア（都市ボランティア・大会ボランティア）のボランティア内容について調べてみましょう！

参考文献
木村佐枝子「大学におけるボランティア関連資格の検討」『大学と社会貢献』〔創元社, 2014〕pp.163-173.
ラグビーワールドカップ2019日本大会ボランティア：
　　　https://www.rugbyworldcup.com/volunteers?lang=ja 〔2018年11月3日〕
社会貢献学会　http://js-ss.org/ 〔2018年11月3日〕

chapter 08

顔のみえる関係性のなかで
──ボランティアと連携・協働──

はじめに

　ボランティア活動は相手があってこそはじめて成り立つものである。ボランティア活動を実践していくためには、地域との連携・協働が不可欠である。元々、「連携」と「協働」はそれぞれが単独で使われてきた言葉であるが、近年、「連携・協働」の一つのまとまりとして使われることが多くなってきた。

　例えば、学校現場を例にしてみると学校・家庭・地域の連携協力に関する法的根拠として、教育基本法第13条「学校、家庭及び地域住民その他の関係者は、教育におけるそれぞれの役割と責任を自覚するとともに、相互の連携及び協力に努めるものとする」や社会教育法第3条3「国及び地方公共団体は、第1項の任務を行うに当たっては、社会教育が学校教育及び家庭教育との密接な関連性を有することにかんがみ、学校教育との連携の確保に努め、及び家庭教育の向上に資することになるよう必要な配慮をするとともに、学校、家庭及び地域住民その他の関係者相互間の連携及び協力の促進に資することとなるよう努めるものとする」とあるように、用語としては、「連携及び協力」にとどまっていたものが、平成25年の「教育振興基本計画」では基本的方向性として、「すべての学校区において、学校支援地域本部など学校と地域が組織的に連携・協働する体制を構築」すると明示されている。

連携・協働とは

　ここで用語の整理をしておこう。

「連携」：それぞれの特徴を活かして
「協働」：対等な立場で、同じ目的を持って活動すること。
協働の定義においては、大分県が以下のように定義している。

「NPO、企業、行政等の多様な主体が、それぞれの特性を活かし、対等な立場で共通の目的を達成するために協力すること」

また、浜松市市民協働推進条例では、「市民協働」を以下のように定義している。

「市民、市民活動団体、事業者及び市が、互いの相違を認識し、市民が望むまちづくりを目指して多角的及び多元的に取り組むことを言う」

協働と類似する言葉としては、
「共同」：一緒に事をおこなうこと。
「協同」：力・心を合わせて事にあたること。
さらに、ノウハウバンク〔2009〕によれば行政・企業と市民活動の連携や協働には、関わり方により4つのタイプがあるとされている。

① 行政や企業が主導する事業やプロジェクトに、市民や市民活動団体が参加や協力を求められるタイプ
② 市民活動団体と、行政や企業が、目的が類似する事業などをそれぞれ行っており、開催時期や内容などが重ならないように協力し合うタイプ
③ 社会的課題や地域課題の解決のために、企画段階から協働し、実行、検証までを対等な関係でおこなうタイプ。予算も役割も分担し合う場合、予算は行政や企業が持ち、実施を役割分担しておこなう場合など。
④ 市民活動団体主導の事業に、行政や企業が、名義（後援など）や活動場所、広報、資金、情報などの面から協力するタイプ

「連携・協働」という言葉には、明確な定義が見られないが、先に述べたように連携と協働を単独で使うのではなく、「連携・協働」という用語が今後は一般的に使われていくであろう。
日本学生支援機構〔2007〕によれば、大学における学生支援・学生相談体制の、望ましいあり方として、「学生支援・学生相談という理念

に基づき、すべての教職員と、学生相談の専門家であるカウンセラーとの連携・協働によって学生支援は達成される」としている。また、李〔2012〕は、連携・協働を上手く機能させるためには、「相手から信頼を得ることが大切であり、そのためには社会常識や礼節、相手を尊重する態度、そして人として職業人としての誠実さが、もっとも必要とされる」としており、人としての在り方が問われることを強調している。

　筆者は災害支援の現場で「連携・協働」を実感することが多い。「連携・協働」がなければ災害現場はまわらないと言っても良いだろう。災害時は短期間で集中した活動になるため、おのずとできることは限定される。必要とされるニーズを持ち帰り、次に活動する人に渡すことは依頼者のためになることである。また、災害における「連携・協働」には予防の意味合いも強い。災害が起こってからではなく、災害が起こる前に地域との関係性を構築しておくことは、平常時の危機管理能力や協働の力を高めることにもつながる。

　「連携・協働」はあくまでも誰かのためになることが前提であり、顔の見える関係性を構築しておくことがいざというときに機能することができるのではないかと考える。

地域での事例

防災・減災カルタ「浜松北部版」の
教材開発に関するプロジェクト

プロジェクトの概要

　浜松市は平成17年の合併に伴い、全国第2位の面積を有し、沿岸部から都市部、中山間地域を有する自然豊かな街である。その広大な地域性により、防災に関する対策や教育も異なっている。

　筆者は、これまで地域の小学校、中学校と連携して、出前授業やまち歩きを共におこない、防災・減災の視点から「都田安心安全マップ」、「都田・新都田安心安全マップ」の作成し、地域全戸配布をおこない防災意識の向上に努めてきた。このような地域の小学校・中学校と連携活動をしているなかで、地域の特性に合わせた防災活動のニー

ズを実感した。浜松市においては地域特性に合わせた防災対策や教育が必要であり、本プロジェクトを立ち上げた。

プロジェクトの目的

　浜松市は、近い将来、南海トラフ巨大地震が起こることが想定されており、危機に迫られている。こうした大規模災害に備えていくためには、防災・減災に対する意識を高め、知識だけではなく、災害のイメージを体験的に学ぶことが重要であると考える。現在、学童期を過ごしている児童が発生時において社会の中核を担う世代となっている可能性もあり、防災・減災に対する危機意識を持った人材を育成していくためには防災教育が必須である一方、子どもたちの遊びは、ケータイやゲーム機器の普及により、遊びのなかでのコミュニケーションの方法にも変化が見られる。かるたは、複数の対人関係のなかで視覚と聴覚で、内容を理解することができ、繰り返し遊ぶことで、長期的に記憶に残りやすい。また、楽しみながら、地域の特性や過去の歴史など、防災に対する知識を理解することができる。

　その特性を活用して、本プロジェクトは、地域小学校4校、自治体、災害ボランティア関連団体との連携協働のもと、浜松北部の地域性をもとにした有効な教育教材の開発をおこない、その普及を図ることを目的としている。

プロジェクトの活動内容

　1）活動準備期　① 教材開発のための資料収集。関係機関への協力要請。② 教育委員会・モデル校4校へのプロジェクト説明。③ モデル校4校での出前授業。【写真8-1】

写真8-1　モデル校での出前授業

　2）制作期　④ 小学生に夏休みの宿題で読み札を作成してもらう。⑤ 実行委員会の立ち上げ。読み札の選定。⑥ 絵札の制作。アンケート作成。かるた編集作業。

3）活動成果期　⑦ モデル校4校にて発表会、表彰式。⑧ 参加児童、教員、学生への質問紙、半構造化面接調査の実施。

　4）普及期　⑨ 地域イベントなど、体験ブース、展示。⑩ 市内図書館にてかるた展示。11 市内防災研修会にて発表。普及活動。12 浜松市教育長訪問。全小学校への寄贈。13 教員免許更新講習にて演習講義。その他、外部の依頼及び学生の自主企画に応じて出前授業、体験ブース出展をおこない、普及活動をおこなった。

活動の工夫・ポイント

　1）**地域性**　防災・減災かるたは、「浜松北部版」となっており、地域の川（天竜川、都田川、馬込川）や天竜川の治水事業をおこなった金原明善氏や児童を助けて川に入り殉職した河西哲秀先生の読み札など、小学校が掲げている「命の教育」と地域性を重視した。【写真8-2】

　さらに、子どもたちに、自分たちが住む街を知ってもらうという工夫（地元の地形、歴史、文化などを学んで、それを読み札や絵札にした）をした内容になっている。

　2）**オリジナリティ**　本プロジェクトは、単独の活動ではなく、異世代交流の連携・協働による取り組みそのものにオリジナリティがある。また、地域の特性を読み札や絵札に盛り込み、地域への愛着を育むことをねらいとしている。単にかるたを製作することだけではなく、出前授業や体験講座、展示、体験ブースなど学外の活動を積極的におこなうことで、小学生だけでなく、広く市民への普及を意識した活動を展開している。

　3）**自主性**　子どもにとって自分自身が考えたものが形として手に渡ることは、防災・減災について学ぶことへのモチベーションを上げ、意欲的な学習につながると考える。モデル校では、各学校でかるた大会を開催するなど、教材開発後も学びの場を設け、自主的に学びを深める機会が提

写真8-2　防災・減災かるた

供されている。

　また、出前授業では読み札づくりのための「防災・減災キーワード集」を作成した。今後も活用してもらえる副教材となると考える。

　4）**継続性**　活動を継続していくためには、活動の振り返りをおこない、アンケート調査から得られた結果を今後の活動に反映していくことが重要である。

　また、小学校のかるた大会に大学生も継続して参加し、関係づくりをおこなっていくこととともに、地域に出てかるたの普及に努めていく必要がある。

　浜松南部版のニーズもあることから、モデル校と予算の目途が立ち次第、着手していく予定である。

　活動の成果

　1．防災・減災かるた浜松版の浜松市全小学校への寄贈（97校）

　2．アンケート調査の実施（児童・教員・学生）

　児童アンケート：本プロジェクトに対する取り組みについて、90%を超える肯定的な回答が得られた。また、自由記述においても、かるたの制作過程が防災・減災への意識向上につながり、命の大切さを再確認してもらえる活動になった。

　1）**教員アンケート**　本活動が双方にとってメリットがあったことが明らかとなった。これをきっかけに新たな学びの広がりや更なる連携・協働の可能性も期待することができる。

　2）**学生アンケート**　学生にとっても活動を形にできたことで、実りある体験につながった。教職を志す学生にとっては教育実習とは異なる教育現場の体験が将来の教師像に繋がった。また、単発に終わらず、今後の活用や普及方法も課題として意識されていることが明らかとなった。

参考文献

浜松市　市民協働推進条例, 2003.
　　https://www.city.hamamatsu.shizuoka.jp/shiminkyodo/civil/kyoudou/jyourei/jyourei.html〔2018年11月5日〕
文部科学省　学校と地域の連携・協働に関する参考資料, 2016.
李敏子「心理的援助における連携・協働のあり方」『椙山臨床心理研究』第12号, 5-7, 2012.

ボランティアの広がり

これからの活躍の場：事例集

ボランティアと学校

はじめに

　近年、学校教育の現場においてもボランティアの存在が求められるようになってきた。増加傾向にある外国人子弟の日本語指導やサポート、学校におけるさまざまな行事のサポートなど、これまでの学校運営ではカバーできないところをボランティアで補うというものである。このことの大きなメリットとしては、少子化において世代間交流が少ない子どもたちがさまざまな年代の人たちと交流をすることができることである。また、教師という立場以外の多様な役割の人たちが学校にいることにより、子どもたちへの配慮がしやすいということである。これらのことから、さまざまな地域住民のボランティアが求められている。

　ここでは、これまでの学校教育と地域の在り方の変遷をたどり、学校に関わるボランティアについて詳しく述べる。

開かれた学校教育

　学校教育の現場では1980年代以降、いじめ、校内暴力、不登校、非行などの教育課題の表面化が顕著になってきた。これらを受けて、学校が家庭や地域と連携協力することで、子どもたちの健やかな成長を図るための「地域に開かれた学校」づくりが進められ、その一つの施策として2000年に学校評議員制度が導入された。これは、地域住民から選ばれた学校評議員が、学校や地域の実情に応じて、学校運営に参画し、保護者や地域住民などの移行を把握し反映したり、保護者や地域住民の協力を得たり、また、学校運営の状況などを周知するなど学校としての説明責任を果たしていくことができるようにするものであ

る。これにより、校長が学校運営において、教育目標・計画や地域との連携の進め方などに関し、保護者や地域住民の意見を聞いたり、理解や協力を得たりして、特色ある教育活動を主体的かつ積極的に展開していくことが期待された。

　そんな折、1999年に京都市立日野小学校の校庭に男が侵入し、2年生の児童が刺殺される事件が、2001年には大阪教育大学附属池田小学校に凶器を持った男が侵入し、児童8名が刺殺され、児童13名、教諭2名が傷害を負う事件が起きた。これらの事件により「地域に開かれた学校」を目指していた学校づくりの気運に暗雲が立ち込めた。「地域に開かれた学校」として多くの学校が校門を開放し、校門や塀を作らないなどの学校もあったが、これらの事件以降は、児童生徒の安全安心を優先すべきであるという声から校門や塀の設置、校門や校舎の日常的な施錠、監視カメラの設置、部外者の立ち入り禁止、警備員の配置、集団登校時の見守り強化、名札の廃止など、子どもたちを犯罪から守るための措置が取られた。まさに「地域に開かれた学校」とは逆の「閉ざされた学校」へと転換していった。

　しかし一方で、地域コミュニティが学校や子どもたちを見守ることによって不審者の侵入を防いだり、子どもたちの通学路の安全を確保することで地域の防犯につながったりするのではないかという考えが強まり、学校施設面における安全確保といったハード面と危機管理マニュアルの作成や連絡体制の整備、訓練・研修、安全に配慮した学校開放などのソフト面での安全管理などがおこなわれ、安全に配慮をした「地域に開かれた学校」づくりの強化へとつながっていった。

　2004年の地方教育行政の組織及び運営に関する法律の改正では、より一層の学校と地域と家庭の連携を強化するために、学校運営協議会の導入が規定された。学校運営協議会は、保護者や地域住民などから構成される組織で、学校運営の基本方針を承認したり、学校運営に関する意見や教職員の任用に関する意見を述べたりすることができるなど、学校評議会よりも強い権限と責任を持って学校運営に参加することができる。学校運営協議会を持つ学校はコミュニティ・スクールと呼ばれており、学校評議会が意見を述べるものにとどまっていたのに対して、保護者や地域住民が学校運営にまで踏み込んで参画できるようになった点で、より一層地域と学校との協力関係を築き、開かれた学校づくりを実現することが狙いとされた。

地域とともにある学校へ

2007年におこなわれた教育基本法の改正は、このコミュニティ・スクールの推進を後押しするものになった。教育基本法が制定されて以降、子どもたちや教育を取り巻く環境が大きく変わってきたことを受けておこなわれた改正であるが、そのなかで、現代の子どもたちの環境に応じた文言として新たに「学校、家庭及び地域住民などの相互の連携協力」と「家庭教育」についての規定が加えられた。これらの新たな規定は、地域とともにある学校づくりを後押しすると同時に、子どもの教育に対する責任が学校に置かれてきたことに対するアンチテーゼとして、改めて家庭と地域社会への責任を問いかけたものとなった。

2017年4月1日現在367市区町村及び11道県の教育委員会が導入し、幼稚園、小学校、中学校、義務教育学校、中等教育学校、高等学校、特別支援学校で合わせて3600校がコミュニティ・スクールとして指定されている〔文部科学省HP〕。これほどにコミュニティ・スクールが増えた理由の一つに2015年12月に中教審議会が学校・保護者・地域が協働して子どもの教育にあたる「地域とともにある学校」を目指したことにある。それは、少子化により統廃合される学校や過疎地域の問題、地域社会の再生を目指す地方創生の一環として提示されたもので

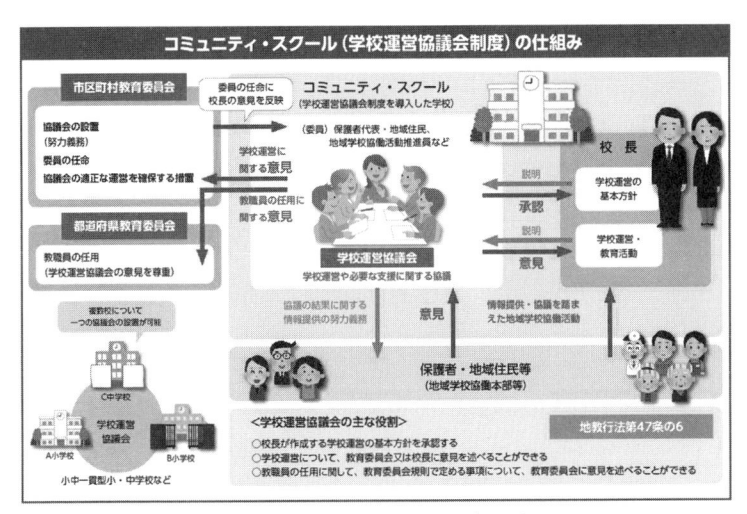

図9-1　コミュニティ・スクール（学校運営協議会制度）の仕組み　〔文部科学省HP〕

あるが、社会教育分野において地域学校協働本部を設立し、子どもたちの教育と言う共通の目標に向けて協働することによる「学校を核とした地域づくり」が狙いとされている。地域が学校や子どもたちを支援するという一方向の関係ではなく、地域と学校が連携・協働することで、地域の将来を担う人材育成と地域住民のつながりを通して自立した地域社会の安定を図ることが期待されている〔文部科学者HP〕【図9-1】。

地域で支える学校づくり

コミュニティ・スクールにおいては、地域住民やPTAの下部組織として、または独立した組織として、保護者のボランティア組織なども学校を支える重要な役割を担っている。その一つが学校支援ボランティアである。

学校支援ボランティア

学校支援ボランティアは、学習支援として授業補助や教員補助、部活動支援として部活動の指導補助、環境整備として図書館や校庭などの校内環境整備、子どもの安全確保のために登下校時の通学路における見守り、学校行事支援として会場設営や運営補助など幅広い活動をおこなっている。学校支援ボランティアの担い手は、保護者、地域スポーツ・文化団体、学生、退職者、さまざまな資格、経験、技能を持つ人たちなどの地域住民である。

学校支援ボランティアがスムーズに活動できるようにするために、学校とボランティアの間を取り持つのが「地域コーディネーター」の役割である。学校のニーズを把握して、学校の求めに応じた学校支援ボランティアと連絡調整をおこない、ボランティアを派遣したり、ボランティア間の連絡調整をおこなったりと、学校とボランティアの緩衝役を担っている。

なかでも外国人児童生徒に対しての日本語指導は、年々増加する外国人子弟の学習支援のためにニーズが高い。日本語指導が必要な外国人児童生徒数は平成28年で34,335人と年々増加傾向にある【図9-2】。また、日本語指導が必要な日本国籍の児童生徒数は平成28年で9,612人とこちらも増加傾向にある【図9-3】。日本国内における外国人労働者が

増加したり、外国籍のパートナーとの国際結婚などによるものであるが、今後も増加傾向にあることは明らかである〔文部科学省HP「外国人児童生徒等に対する教育支援に関する基礎資料」〕。

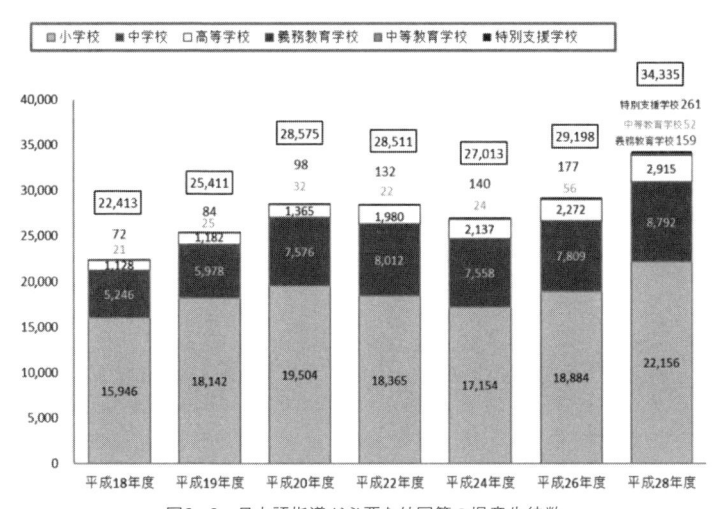

図9-2　日本語指導が必要な外国籍の児童生徒数
出典:文部科学省HP「日本語指導が必要な児童生徒の受け入れ状況に関する調査(平成28年度)」

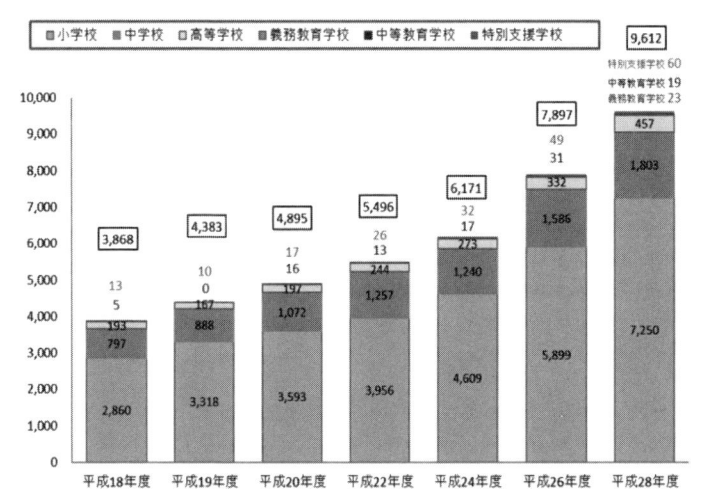

図9-3　日本語指導が必要な日本国籍の児童生徒数
出典:文部科学省HP「日本語指導が必要な児童生徒の受け入れ状況に関する調査(平成28年度)」

日本語が不十分なまま在籍することの影響は大きい。外国人生徒の中学校卒業後の進路では、中学校卒業者の約3割が就職しており、進学者のうち、約4割は定時制・通信制の高等学校に進学している現状がある。進学において圧倒的に不利な状況に置かれているのである。近年の中卒での就職は、その後の経済的自立にはなかなかつながらず、貧困状況へと追いやられる可能性があることから、学校教育における日本語指導のボランティアは今後ますます求められている。

総合型地域スポーツクラブ

総合型地域スポーツクラブは、これまでの経済中心型の社会から成熟した市民社会への転換を図るため、従来からの行政主導型システムを見直し住民一人一人がスポーツ文化をそれぞれの地域のなかで育て、日常生活のなかに定着させていくことを支援するためのシステムである【図9-4】。平成12年9月文部科学省は「スポーツ振興基本計画」を策定し、生涯スポーツに関する政策目標として、生涯スポーツ社会の実現とその目標として、「成人の週1回以上のスポーツ実施率が2人に1人になることを目指す」ことを掲げている〔文部科学省HP〕。

少子化で学校単位での活動が難しくなってきている現状を踏まえ、また、教員の長時間勤務の一因ともされている部活動の負担軽減を図

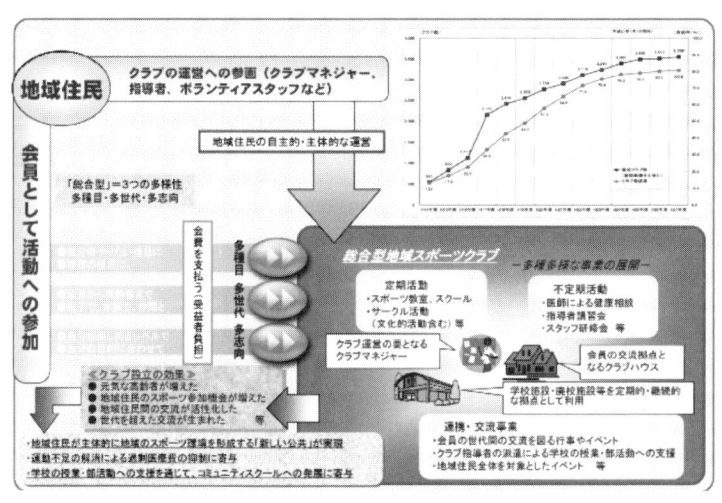

図9-4　地域型スポーツクラブ　〔文部科学省HP〕

ることも狙いとして、総合型地域スポーツクラブは学校の運動部活動を地域スポーツと一体化されたり、学校開放で学校施設を使っておこなわれたりしている。

　今後は教員に代わる指導者を育成するとともに、運営や指導に関わるボランティア活動の奨励などより一層の地域住民の関わりが求められている。

おやじの会

　保護者ボランティアとして児童生徒の父親を中心とした地域組織として「おやじの会」がある。PTAが母親を中心とした活動になりがちであることから、父親が参加しやすい形態として全国各地の小中学校で30年ほど前に発足し、現在は4,000以上の団体が活動をしている。父親たちが中心となって活動をする「おやじの会」の活動内容は会によって多種多様であり、校庭での鬼ごっこ大会や餅つきイベント、学校の運動会などの準備や片づけなどが挙げられる。

　兵庫県にある小学校の「おやじの会」は、発足して10年以上活動を続けている。夏には小学校で2日間子どもたちを対象に校庭での鬼ごっこ、プール遊び、飯盒炊飯、カレー作り、肝試し、高学年のお泊り会、すいか割などのイベントを実施してきた。このほか、広すぎて整備が追い付かない校舎や校庭の整備、プール清掃、畑の草取り、クリスマスツリーの設置【写真9-1】など、学校で過ごす子どもたちのための環境整備やレクリエーションの活動をおこなっている。メンバーは、

写真9-1　おやじの会のクリスマスツリーの設置（鈴木信之氏提供）

　8名ほどでイベントごとにボランティアを募り、小学生の子どもがいる父親は半数以下で、他はすでに子どもが小学生を卒業している父親も引き続き活動に参加している。人数が少なく苦労は絶えないが、それでも子どもたちのためになるのならやりがいがあると父親の一人は話す。

　活動を続けるうえでの課題は、学校との具体的な連携である。おやじの会はボランティア団体であり学校内の組織ではない。そのため、学校施設の利用や実施においては、教職員の協力が不可欠である。学校の教職員とおやじの会のメンバーが「子どもたちのために」という共通の目的を持って活動に取り組むことが重要となる。また、父親に関わらずPTA以外においても母親のボランティア参加や地域住民の参加も求められる。いずれにしても「子どもたちのために」さまざまなボランティアのかたちが求められる。

Let's work together!

①　学校教育に関わるボランティアはこれら以外にどのようなものがあるのか調べてみましょう。

②　保護者を含む地域住民が学校教育にボランティアとして関わることがもたらす児童生徒への影響は何か考えてみましょう。

③　自分が通った学校においてどのようなボランティアがあれば良かったか考えてみましょう。

参考文献

文部科学省HP「コミュニティ・スクール（学校運営協議会制度）」
　　http://www.mext.go.jp/a_menu/shotou/community/　〔2018年12月20日〕
文部科学省HP「総合型地域スポーツクラブ」
　　http://www.mext.go.jp/a_menu/sports/club/　〔2018年12月20日〕

chapter *10*

ボランティアと福祉

はじめに

　日本におけるもともとのボランティア活動は奉仕活動や、地域社会で福祉を担う一翼として捉えられてきた。そのなかで、「地域の支え合いや共助」という理念が社会保障の切り下げに用いられてきたという指摘も少なくない。

　ここでは、近年の大きな社会問題である子どもの貧困についてとりあげ、その現状と原因、それが引き起こす問題、そして、ボランティアがどのようにこの問題を解決しようとしているのかについて述べる。

子どもの貧困の現状

　貧困という言葉は、世界の発展途上国の開発の文脈で使われることが多い。日本は先進国であり、貧困とは縁がないと考える人もいるかもしれない。しかし、実際には日本の国内にも貧困問題は存在している。

　貧困とは、絶対的貧困と相対的貧困があり、前者の絶対的貧困は世界銀行の定義で1日を国際貧困ライン（1.9ドル）で生活を余儀なくされている人たちのことを指し、後者の相対的貧困は等価可処分所得（世帯の可処分所得：保険や税金を差し引いた自分の意志で使える収入、を世帯人数の平方根で割って算出）が全人口の中央値の半分未満の世帯員のことを指す。これ以外にも、ベーシックヒューマンニーズ〔BHN: Basic Human Needs〕、つまり人間が生活するうえで基本的に必要となる衣食住や安全な水へのアクセス、教育、医療、仕事、エネルギー、人権などが欠如した状態も貧困と捉えられる。日本国内においては、主に相対的貧困を貧困の指標として用いている。

　厚生労働省は、国民生活基礎調査のなかで、平成27年の貧困線（等

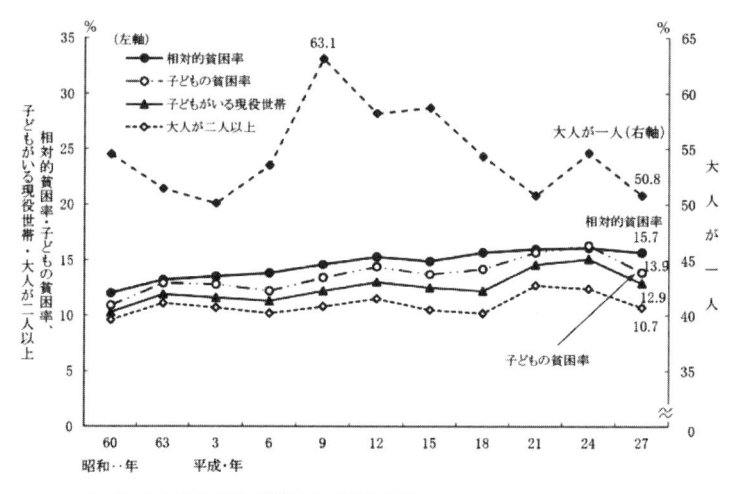

注：1） 平成6年の数値は、兵庫県を除いたものである。
　　 2） 平成27年の数値は、熊本県を除いたものである。
　　 3） 貧困率は、OECDの作成基準に基づいて算出している。
　　 4） 大人とは18歳以上の者、子どもとは17歳以下の者をいい、現役世帯とは世帯主が
　　　　 18歳以上65歳未満の世帯をいう。
　　 5） 等価可処分所得金額不詳の世帯員は除く。

図10-1　貧困率の年次推移　〔厚生労働省「平成28年国民生活基礎調査」〕

価可処分所得の中央値の半分）は122万円で、相対的貧困率（貧困線に満た
ない世帯員の割合）は15.7%、子どもの貧困率（17歳以下）は13.9%であ
ると発表した【表10-1】。これはつまり、国民の約6人に1人が、子ども
の約7人に1人が貧困であることを示している。

　また、子どもがいる現役世帯（世帯主が18歳以上65歳未満で子どもが
いる世帯）の世帯員は12.9%で、そのうち「大人が一人」の世帯員では
50.8%、「大人が二人以上」の世帯員では10.7%が貧困の状態となって
いる【表10-1】。これはつまり、ひとり親家庭の半分が相対的貧困である
ことを示している。平成9年にはこの割合が63.1%であったことを考
えると減少傾向にはあるが【図10-1】、それでもひとり親家庭が増加傾向
にあることを考えると早急に解決しなければならない課題である。

　厚生労働省の全国ひとり親世帯調査によると、平成27年のひとり親
家庭についての収入において、母子世帯の母自身の平成27年の平均
年間収入は243万円（前回調査223万円）、母自身の平均年間就労収入
は200万円（前回調査181万円）、母子世帯の平均年間収入（平均世帯人
員3.31人）は348万円（前回調査291万円）となっている。一方で、父子

表10-1　貧困率の年次推移　〔厚生労働省「平成28年国民生活基礎調査」〕

	昭和 60年	63	平成 3年	6	9	12	15	18	21	24	27
	（単位：％）										
相対的貧困率	12.0	13.2	13.5	13.8	14.6	15.3	14.9	15.7	16.0	16.1	15.7
子どもの貧困率	10.9	12.9	12.8	12.2	13.4	14.4	13.7	14.2	15.7	16.3	13.9
子どもがいる現役世帯	10.3	11.9	11.6	11.3	12.2	13.0	12.5	12.2	14.6	15.1	12.9
大人が一人	54.5	51.4	50.1	53.5	63.1	58.2	58.7	54.3	50.8	54.6	50.8
大人が二人以上	9.6	11.1	10.7	10.2	10.8	11.5	10.5	10.2	12.7	12.4	10.7
	（単位：万円）										
中　央　値　（ a ）	216	227	270	289	297	274	260	254	250	244	244
貧　困　線　（ a/2 ）	108	114	135	144	149	137	130	127	125	122	122

注：1)　平成6年の数値は、兵庫県を除いたものである。
　　2)　平成27年の数値は、熊本県を除いたものである。
　　3)　貧困率は、OECDの作成基準に基づいて算出している。
　　4)　大人とは18歳以上の者、子どもとは17歳以下の者をいい、現役世帯とは世帯主が18歳以上65歳未満の世帯をいう。
　　5)　等価可処分所得金額不詳の世帯員は除く。

表10-2　平成27年の母子および父子世帯の年間収入状況
〔厚生労働省「平成28年全国ひとり親世帯調査」より作成〕

	平均世帯人数	年収（自身の収入） 就労収入	収入（世帯の収入）
母子世帯	3.31人	243万円	348万円
		200万円	
父子世帯	3.70人	420万円	573万円
		398万円	

世帯の父自身の平成27年の平均年間収入は420万円（前回調査380万円）、父自身の平均年間就労収入は398万円（前回調査360万円）、父子世帯の平均年間収入（平均世帯人員3.70人）は573万円（前回調査455万円）となっている【表10-2】。つまり、ひとり親家庭でも母子家庭と父子家庭の収入には大きな開きがあり、ひとり親家庭の半分が、言い換えれば多くの母子家庭が貧困状態にある。

　このことを世界はどう見ているのだろうか。CNN〔2016年11月3日〕は日本の母子家庭を取り巻く環境を取り上げ、他の先進国と比べると最も高い水準にあると指摘している。また、アトランティック誌〔2017年9月7日〕は、「日本のシングルマザーに居場所はない」というタイトルで日本の母子家庭の貧困問題を取り上げ、アメリカの33.5％と比較し、先進国のなかでひとり親世帯の環境は日本が最悪かもしれないと指摘している。ワシントンポスト〔2017年5月28日〕では、「日本のシングルマザーは貧困と『恥の文化』に苦しんでいる」と指摘した。

　シングルマザーがこれほどまでに経済的に恵まれない理由には、さまざまな要因がある。まず、一つ目に母親の就業形態である。母子家

庭の母親の就業状況をみると、正規の職員・従業員で働いている割合は44.2%、派遣社員4.6%、パート・アルバイト43.8%、会社などの役員3.4%、自営業3.4%、その他で、父子家庭では、正規の職員・従業員68.6%、派遣社員2.5%、パート・アルバイト6.0%、会社などの役員1.8%、自営業18.0%となっている〔厚生労働省：平成28年全国ひとり親世帯調査〕。つまり、母親の半数が、賃金が低く、社会保障も充実しているとは言えない派遣社員やパート・アルバイトで収入を得ており、父親の8.5%と比較しても圧倒的に不安定な雇用にあることがわかる。加えて、国立社会保障・人口問題研究所が2015年に実施した「第15回出生動向基本調査（結婚と出産に関する全国調査）」の結果では、2010年から2014年までで、就業していた女性のうち出産した後も仕事を続けた割合は53.1%。残りの46.9%の女性は、出産を機に退職していることが明らかとなっている。これらから、女性の多くが経済的自立ができない就業形態であることがわかる。

　二つ目にジェンダー格差である。男性は外で働き、女性は家のなかで働くという性的分業が中心の働き方から、女性の社会的進出が進み、政府は「男女が、社会の対等な構成員として、自らの意思によって社会のあらゆる分野における活動に参画する機会が確保され、もって男女が均等に政治的、経済的、社会的及び文化的利益を享受することができ、かつ、共に責任を担うべき社会」を目指し、男女共同参画社会基本法を平成11年に公布・施行した。例えば、職場での男女の賃金格差や職業分業を是正するなど社会における固定的な性的分業から、男女問わずさまざまな活動ができるようにする社会の制度や慣行の在り方を求めるなど大きな期待があった。公布・施行から20年近く経過した現在、確かな変化はあった。看護婦や保母など女性の職業とされた職業が、看護師や保育士といった呼び名になり、男性の看護師や保育士も増えた。しかしながら、まだ女性が仕事を持つことや、性的分業など社会のあらゆる面で男女が平等であるとは言えない。それを表すものとして、ジェンダーギャップ指数が有効である。ジェンダーギャップ指数は、「健康と生存率」、「教育」、「経済活動への参加と機会」、「政治への参加」の4つの領域で、男女間の格差がどれくらいあるのかを示すものである。平成29年11月に世界経済フォーラムで発表された「The Global Gender Gap Report 2017」では、日本は0.657ポイントで、144ヵ国中114位であった。2016年の111位から3位順位が下がっ

たことになる。主な要因は、経済参画と政治参加の低さであるが、経済においては男女間の賃金格差の大きさ、そして経済・政治共に方針決定に関わるポジションに占める女性割合が著しく低いことである。

　三つ目に、日本独特の「恥の文化」である。アメリカの文化人類学者のルース・ベネディクトはその著者『菊と刀』のなかで、欧米が内面の良心を重視するのに対し、日本は世間体や外聞といった他者の視線を気にすると指摘した。日本では「そのようなことをしたら恥ずかしい」「世間に顔向けができない」など、他者からの視点を考えながら行動をすることが多々ある。そのため、離婚や貧困は日本国内においては恥ずべきこととして扱われる。日本国内におけるこの「恥の文化」は、自己責任論と相まって当事者を追い詰めてしまうことにもなっている。貧困は、社会構造の一つであるにも関わらず、非常にパーソナルな論点に置き換えられ、貧困であることがあたかも当人の責任であるかのような自己責任論や恥ずべきこととして人に助けを求めることができない状況に追いやってしまっている。生活保護を断られて餓死したケースや、介護の末の心中など、貧困が引き起こす最悪の事態が実際に起きている。

子どもの貧困が引き起こす問題

　日本国内において、貧困と言ってもピンとこないかもしれない。近所の子どもたちも、同級生たちを見ても貧困に当てはまる人は見当たらないかもしれない。例えば、発展途上国の貧困問題と言った場合には、路上で暮らすストリートチルドレンや物乞いをする子どもたち、スラム街で暮らす人たちなどをイメージするだろう。その場合には、服装や行動や住んでいるところなどから、明らかに貧困であることがわかる。しかし、日本の貧困問題においては、子どもたちはいたって普通の格好をしているし、塾などの習い事に行けなくても、そもそも貧困でなくても習い事に行かない子どもたちもいることから、外見や行動からは判断できない。しかし、彼らは確実に貧困なのだ。

　子ども食堂を運営し、さまざまな子ども食堂のオープンをサポートしてきた「KOBEにこスプーン」代表の大倉美香子氏は、著者がおこなったインタビューのなかで次のように述べている。

　子どもたちは、朝ごはんや夕ご飯をまともに食べることができないので、給食だけが頼みの綱なのです。学校がない週末は給食も食べられないので、2日間の空腹を前に何とかしのげるように、金曜日の夜に子ども食堂を開催しています。

　食事を含めた日々の生活は家庭のなかでおこなわれる。逆に言えば、家庭のなかの出来事はよっぽどのことでなければ外から見ることはできないのである。お腹がすいているかどうかは本人にしかわからないことで、第三者が気付くことは容易ではない。朝食を食べられないことで集中力や記憶力が低くなり、結果的に学習についていけず、成績が悪くなるということにつながる。成績が悪くなった理由を先生が本人に聞いて初めて、食事をとることができていない貧困であることがわかるということも少なくない。このように、目に見えにくいという点がより一層の問題を抱えることになる。

　また、基本的に無償でおこなわれている学校教育のなかでも、例えば修学旅行は家庭の負担となっており、貧困家庭の子どもたちは、修学旅行の積み立て預金ができず、修学旅行にクラスメイトと行くことができないということもある。単に修学旅行に行けないというだけではなく、小中学校の多感なときにクラスメイトと同じ体験ができないことは、クラスメイトとの共通の話題に入ることができず、クラスメイトの輪に入れなくなる、最悪の場合それがいじめに発展するケースもある。

ボランティアによるこどもの貧困対策

子ども食堂

　子ども食堂は、子どもや親、地域の人々に対して無料または安価で食事を提供するための社会活動である。2012年に東京都大田区にある小さな八百屋の店主が売れ残った野菜や地域の人々から提供された食材を使って開いた「子ども食堂」が始まりである。全国の子ども食堂の数は年々増加し、「子ども食堂安心・安全向上委員会」の調査では2016年の319ヵ所からわずか2年で約2,000ヵ所増え、2018年で合計2,286ヵ所に達している。全国にある児童館の数は約4,000と言われて

おり、児童館の約半数の数が現在の子ども食堂の数である。

　こども食堂は、自宅の一室や公民館の一室などで、月に1回から週に1回などの頻度で運営されている。その規模により子どもやその他の参加者の数はまちまちであるが、そのほとんどがボランティアによって運営されている。ボランティアで食材が提供され、ボランティアが調理、配膳、子どもたちとの触れ合いをおこなう。子どもたちは、無料から300円ほどでお腹いっぱい食事をとることができると同時に、家庭的な雰囲気のなかで自分の居場所を見つけることができる。

　ここまで増えた子ども食堂であるが、課題もある。子ども食堂は場所と食材と料理をする人がいればいつからでも開催できる。そのため、開催しやすいが、継続していくためには食材の確保といった経済的なリスクが伴う。経済的に続けられなければ閉鎖となるのが常であるが、子どもの貧困は、数回食事をしたからといって解決する問題でもなく、長い期間継続するケースが多い。そのため、子ども食堂の運営の継続が大きな課題となってくる。

学習支援

　ひとり親世帯とそうでない世帯とを比較すると、ひとり親世帯の大学進学率と高校進学率は低くなっており、逆に中学校卒業後の就職率が高くなっている。これはつまり、ひとり親世帯の子どもたちは教育へのアクセスがそうでない世帯に比べて少ないと言える。その理由は次のように説明ができる。貧困の子どもたちの多くが食事すら十分にとることができておらず、勉強に集中できなかったり、また塾に行きたくても行けないため、学習についていくことができない。学習についていけない子どもは進学や就職で不利となり、安定した雇用につながる仕事に就くことができず、貧困の状況に陥る。親が貧困である場合、子どもも貧困になる可能性は高く、貧困の連鎖と呼ばれている。

　この対策としておこなわれているのが、貧困の子どもに対しての学習支援事業である。この学習支援事業は費用の半分を国が補助する仕組みとなっている。夏季休暇中に3回ほどの開催であったり、毎週の開催であったり異なるが、大学生の学習支援者を大学生の有償ボランティアが担ったりしている。NPOなどが主体で実施しているが、まだまだ十分にすべての貧困家庭の子どもたちをカバーしているとはいえず、今後の広がりが求められる。

····· Let's work together! ·······················

① 子どもの貧困について行政がおこなっている政策について調べて発表をしてみましょう。

② 子ども食堂以外に、子どもの貧困を解決するためにボランティアができることは何か話し合ってみましょう。

③ 子どもの貧困を解決するためのボランティア活動を具体的に企画立案してみましょう！！

ボランティアの広がり

参考文献
湯浅誠（2018）「子ども食堂 2,200 か所超える」Yahoo. news〔2018 年 12 月 15 日〕

chapter 11

ボランティアと地域社会

はじめに

　前林〔2017〕は、社会貢献とは「個人や組織が社会のために役立つことをすることである」と述べている。このことは、実践活動を示すものである。行動を伴わなければ社会貢献とは言えないし、社会貢献そのものが世の中に役立つ行動である。

　武井〔2003〕は、「地域貢献」という言葉の意味について、「「地域」と「貢献」（サービス）という二つの言葉からなっている」としており、「大学としては「地域住民」にとって最も必要なサービスを提供する他ない」としている。大学が地域住民に対して何ができるのか。「「地域貢献」こそが大学や研究所の本来の使命である」と述べている。

　そもそも大学の研究者がおこなう研究は、世の中のためになるということが第一に優先されなければならない。産学連携や産官学連携がその例と言って良いだろう。

　では、学生や教職員が地域にでておこなうボランティア活動は、何かというと筆者はこれも「地域貢献」だと考える。社会貢献は広く社会全体を示すものであり、そのなかに地域を対象とする地域貢献があり、その核となるものが、学生・教職員が実践するボランティア活動であると考える。

　つまり、大学の社会貢献とは「大学の教育および研究に基づき、学生および教職員が社会や地域の利益のために実践する自発的な行動であり、社会および大学相互に利益をもたらす実践活動である」〔木村.2014〕と定義づける。すなわち、大学の社会貢献とは、そこに存在する教員の持つ知的財産を活用した研究と学生の教育に基づき、学生と教職員が共に実践する自主的、自発的な行動である。その行動が社会にとっても、そこに暮らす地域住民にとっても、また、大学という組織にとっても、実践活動をおこなう個々人にとっても、お互いにプラス

をもたらす活動であることが重要である。

地域貢献活動事例

浜松市地域力区向上事業／北区わくわく元気プロジェクト

常葉大学は、2012年度に浜松市北区地域力向上事業「市民提案による住みよい地域づくり助成事業」に採択された。地域力向上事業とは、「市民協働の考え方のもと市民と区が一体となって、地域課題を解決したり、地域の魅力を活用したりすることで、住みよい地域社会の実現を目指す事業」で3年間の継続事業である。2015年からは大学独自の事業となったが地域からのニーズが高いことから、2018年の現在も継続実施しているプロジェクトである。

事業内容は以下のようになっている。

事業名：「北区わくわく元気プロジェクト」

事業の目的：本事業は、子どもから高齢者、障がい児者を対象として、北区の施設や大学を拠点とし、大学が持つ知的財産や学生のボランティア力等広く活用して北区全体を元気で活気ある町にすることを目的とする。

事業の内容：

①都田朝市

②キッズ・オープンキャンパス

③市民のための健康相談☆北区健康フェア

④クリーンアップ・ウォーキング

⑤スポーツフェスタ（障がい者スポーツ、陸上教室、サッカー教室）

⑥地域防犯

これら6つのイベントの広報効果もあり、大学と地域の垣根は確実に低くなり、大学に学生以外の地域の人たちが出入りする機会が提供されている。さらに組織的な取り組みとしていくためには、「大学全体で取り組む」という意識の共有が重要となる。プロジェクトチームを中心として、間接的にプロジェクトにかかわる教職員にも積極的な参加と意識の共有ができれば、さらに地域活性化に結びついていくだろう。

写真11-1　スポーツフェスタ（サッカー）

　地域と共生する大学づくりを目指していくためには、個としての大学ではなく、地域の拠点として大学が存在することに意味がある。そのためには、大学が地域全体のリーダーシップを取り、地域とともに問題解決や課題に取り組んでいく必要がある。

　常葉大学では2018年度から学生の自主的な地域貢献活動を支援するための取り組みとして「とこは未来塾——TU can Project」がスタートした。

　この取り組みは、2018年4月の草薙キャンパスの開学に伴い、地域貢献センターが新設されたことから、新たに始まったプロジェクトである。

　とこは未来塾の目的は、「学生ならではのユニークな「視点と発想」をもち、「熱意と創意」に満ちた自主的・自発的な取組に対し、大学から教員アドバイザーによる助言や活動資金の援助などのさまざまな支援をおこなう。大学が立地する静岡県を中心とした地域社会への貢献を果たすとともに、学生の若い力を地域の活性化に結び付ける」とされており、募集する分野として以下の3分野が示されている。

（1）タイプA：開かれた大学づくりプロジェクト

　キャンパス内でさまざまな地域交流活動を企画し、本学が標榜する「開かれた大学づくり」への貢献を目指す取り組み。

（2）タイプB：地域貢献・活性化プロジェクト

静岡市・浜松市・富士市をはじめ、県内各地の地域課題の解決や地域活性化への貢献を目指す取り組み。

（3）タイプC：現代的課題解決プロジェクト

　各種の研究開発や調査研究などを通して、社会的・公共的な課題解決への貢献を目指す取り組み。

大学からの支援内容

（1）企画実現に必要な学術的なアドバイスとサポート

（2）プロジェクトの遂行（事業の実施や打ち合わせなど）に必要な施設・設備・備品などの貸し出し

（3）活動資金（消耗品費、印刷費、旅費・交通費など）の一部を助成

参加資格

（1）常葉大学・短期大学学生を中心とした個人・グループであること

（2）他の組織・団体からの資金的な支援を受けていないこと

（3）特定の政治・宗教などに拘わらないこと

（4）プロジェクトを支援・指導するアドバイザー（本学教員）が決まっていること

（5）プロジェクトの中間及び最終に於いて、成果の報告・発表を行うこと

とされる。

募集の流れ

①プロジェクト説明会

②募集要項の配布

③申請書類の提出

④書類審査

⑤ヒアリング

⑥採択プロセスの決定

⑦採択後の説明会

⑧プロジェクトの実施

⑨中間報告（各キャンパス）

⑩プロジェクト報告会（全キャンパス）

　2018年度は、4キャンパスから24件のプロジェクトの公募があり、このうちの12件が採択された【表11-1】。

　これらの取り組みは始まったばかりであるが、大学が学生の活動を積

極的に支援することにより、さらなる活性化が期待できる。学生は活動資金のバックアップを受けることにより、活動の幅が広がるだけでなく、プロジェクトの企画力を養うことができる。ヒアリングではプレゼンテーン力が問われ、中間報告、報告会も開催されることから、活動成果の振り返りや今後の課題を再考する機会にもなる。

表11-1　とこは未来塾採択プロジェクト

No	タイプ	テーマ
1	B	目指せ!! 憧れのファッションモンスター〜僕・私だってオシャレしたい〜
2	B	静修活性化プロジェクト〜植物と繋ぐ地域の伝統〜
3	B	西里村まるごとエコミュージアムプロジェクト
4	B	いなさお助け隊 〜浜松市北区における絶滅に瀕する水生生物の保全〜
5	A	学生トレーナーによる高校運動部に所属する生徒へのセミナー事業
6	A	自分でできる身体のセルフケア
7	B	大学生による「災害支援共助システム」構築に向けての実践的活動
8	B	NPO法人との協働による浜松市北区伊平地域の活性化プロジェクト
9	B	ブレス浜松×ThunderBirds　地域活性化プロジェクト
10	B	障がい者スポーツの普及によるバリアフリー地域の構築
11	B	都田の子どもと自然を繋げよう！！
12	C	南海トラフ巨大地震に活かす健康サポート支援に関する調査研究

3.11はままつ東北復光プロジェクト

　3.11はままつ東北復光プロジェクトは、東日本大震災から1年を迎えた2012年より始まった。この活動を企画したのは、東日本大震災で活動した学生たちで、現在、第7回の実行委員会が立ち上がり、複数の大学生による運営がおこなわれている。第7回のテーマは「灯〜かける想い〜」に決まった。

　この活動の評価できることは、すべて学生たちの企画運営による組織づくりである。同じ志を持つ学生同士が大学の枠を超え、同じ目的の達成のために活動している。さらに地域の団体や学校などとも連携して多くの市民との協働による運営がおこなわれている。活動にかかわる資金も、各種イベント出展による復光クッキー販売や、協賛企業を募るなどして、学生による資金調達もおこなっている。筆者はこの活動の顧問兼オブザーバーとして学生の活動を支援している。

写真11-2　3.11復光キャンドルナイト（伊熊元紀氏提供）

事業の目的・概要

　3.11はままつ東北復光プロジェクトでは、自治体や団体、学生などと連携し、2012年から毎年3月11日に浜松市のアクト通りにて「3.11復光キャンドルナイト」をおこなっている。キャンドルナイトを開催することで、東日本大震災の風化防止、被災者への追悼、南海トラフ巨大地震に対する関心強化、東北への継続的な支援を目指して活動することを目的としている【写真11-2】。

共催イベントの開催

　浜松市内の大学生団体との関係づくりを強化するために、共催イベントを企画・運営している。

①**わわキャンププロジェクト2018/静岡大学**

　留学生対象の防災ワークショップ。非常食の試食など。

②**HAPハマガク × 3.11はままつ東北復光プロジェクト」presents 東北/浜松学院大学**

　フォトギャラリー ～今を伝える、今を知る～の開催。

③**震災いじめを考える/静岡産業大学**

　震災にあった子供達のいじめ問題について、震災後のいじめ問題の解決策などのディスカッション

④**災害に備える/浜松医科大学（Luce）**

　救急処置法、避難所運営ゲーム Luce.ver「災害時対応ゲーム（STG）」の実施。

写真11-3　わわキャンププロジェクト

　本プロジェクトが地域貢献活動として定着してきた背景には、浜松市内のイベントへ積極的に参加し、市民やイベント来場者に東日本大震災の風化防止と南海トラフ巨大地震への関心強化を図る活動を継続的におこなってきてたことにある。また、浜松市内の学生と災害について考え学ぶイベントを開催し、災害時に連携しやすい関係づくりを構築している【写真11-3】。

　さらに、地域の小・中学校へ出向き、キャンドルナイトの趣旨を説明するとともに防災・減災の啓発活動をおこなったり、PTAの依頼で防災出前講座を実施している小学校もある。

　本プロジェクトは一日限りのイベントではなく、年間を通じて活動し、来るべき次の災害に備えるための関係づくりに努め、さらに次世代を担う小中学生へ向けた取り組みをおこなっている。

　キャンドルナイト来場者、スタッフへのアンケート調査を実施し、事業の見直しや東日本大震災の風化防止と浜松の防災啓発活動に努め、キャンドルナイトの支援のありかたを考え続ける機会となる。

······ Let's work together! ·····················

① 社会貢献、地域貢献、ボランティア活動の違い、共通点について考えてみましょう！

② 大学生としてできる地域貢献活動を企画・運営してみましょう！

③ 大学生同士が繋がるためにできることを企画・運営してみましょう！

参考文献

前林清和「プロローグ　社会貢献とは」『社会貢献を考える ―― 哲学的考察と実践研究』〔デザインエッグ, 2017〕p.1.

武井昭（2003）：プロローグ聖域から追われるのか、大学と研究所、『大学と地域貢献』、1－13

山本克彦、佐藤大介「地域住民をつなぐ災害支援共助システム構築への試み（1）―― 学生参画によるコミュニケーション・ネットワーキング」『日本福祉大学社会福祉論集』137号, 2003, 67-84.

chapter 12

ボランティアと防犯

はじめに

　我が国の刑法犯認知は、平成14年（285万3,739件）をピークに年々減少している。平成28年から平成29年のデータにおいても、8万件減の91万5,042件となっている。この背景には地域で活動する防犯ボランティアの日々の防犯活動による貢献が大きい。

　一方、サイバー犯罪の検挙件数は、過去最多の9,014件となっており、それに伴い情報などの理系で学ぶサイバー防犯ボランティアの活動も注目されている。

　警察庁〔2018〕によれば、防犯ボランティア団体は、平成28年の48,169団体から平成29年は48,160団体（-716件）、構成員数は、平成28年2,626,016人から平成29年は2,725,437人（-99,412人）と若干増加しているが、いずれも高い組織率である。構成員の平均年代別団体数でみれば、60歳代が全体の51%と半数以上を占め、大学生年代の10歳代、

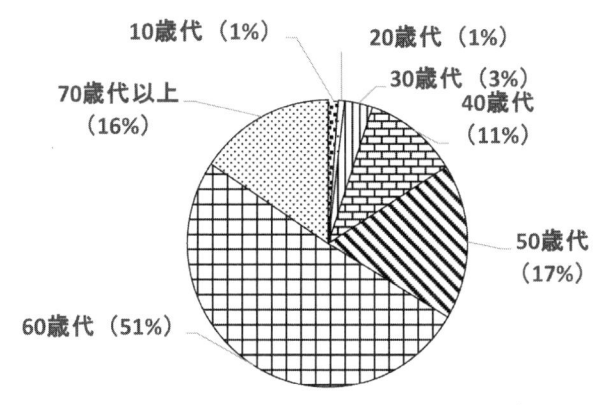

図12-1　構成員の平均年代別団体数（警察庁, 2018）

20歳代は合わせてもわずか2％しかなく【図12-1】、防犯ボランティアの高齢化・固定化と、若者世代の防犯ボランティアの参加と大きな課題となっている。

若者を防犯ボランティアに巻き込むためには

　若者に防犯ボランティア活動について興味関心を持たせるためには、ボランティア教育として大学教育のなかに組み込むことが有効である。授業やゼミ活動によって、防犯ボランティアの現状や課題を学び、防犯ボランティア活動の理念、方法論、技法を学び、正課外教育によって実践活動に結びつけていくことが重要である。

　近年の「防犯」をテーマとしたカリキュラム開発においては、日本女子大学が教員養成GP〔2008〕採択を受け、教員を目指す大学院生と現役教員を対象とした生活安全コーディネーター養成プログラムを開発している。また、帝塚山大学、慶應義塾大学総合政策学部、摂南大学法学部が防犯に関する授業をカリキュラム化しているが、これらの効果の検証や地域連携協働を核にした養成プログラムには至っていない。

　また、各都道府県警には「ヤング防犯ボランティア」が組織されており、さらなる活性化が期待されるが、大学卒業後の防犯活動には繋がっておらず、大学卒業後のフォローアップが必要である。

ヤング防犯ボランティア育成事業

　2010年に警察庁事業としてスタートした「若い世代の参加促進を図る防犯ボランティア支援事業」は、自主防犯活動への参加を希望する大学・短大生などの若い世代を募集し、各都道府県1団体の結成、活動への支援をおこなう事業である。静岡県警で立ち上げられた団体が「しずおかぴーす」である。

しずおかぴーす

　警察庁事業を受け、「若い力で静岡の安心・安全を守る」ことを目的として2010年結成されたのが「しずおかぴーす」である。防犯ボランティアの高齢化、固定化などの課題を解決するために立ち上がった団体であり、メンバーは県内の大学生、短期大学生、30歳未満の社会人などを中心として構成されており、約120名が登録している。

主な活動としては、ヤング防犯ボランティア研修会や地域の振り込め詐欺の防犯広報、防犯教室、青色防犯パトロール、防犯フェスの参加などがおこなわれている。

大学生の防犯ボランティア活動事例

　本章では、学校現場における大学生の防犯ボランティア活動の事例を取り上げる。

　新潟市の下校途中の女児殺害事件を受け、政府は社会全体で児童を守るため「登下校防犯プラン」〔2018〕を策定した。登下校時における子供の安全の課題として、①子供の被害は登下校、特に下校時に集中しており、犯罪件数が減少しているなかでほぼ横ばいで推移していること。②防犯ボランティアの高齢化、③共働き家庭の増加があげられ、「登下校時における総合的な防犯対策の強化が急務」とされている。

　その対策として、以下の 5 点が示されている。

1. 地域における連携の強化。
2. 通学路の合同点検の徹底及び環境の整備・改善
3. 不審者情報等の共有及び迅速な対応
4. 多様な担い手による見守りの活性化
5. 子供の危険回避に関する対策の促進

　以下に示す二つの事例は、登下校防犯プラン〔2018〕を具現化するものであり、地域との連携を核とした活動であり、「『一人区間』などの『見守りの空白地帯』を埋める」「極力一人にしない」など、登下校防犯プランを先取りした活動と言える。

まもろーる、まもちゃり
　「まもろーる」とは、子どもを「まもる」と「パトロール」をかけ合わせた造語である。親しみのある活動にしたいという学生の思いから名づけられたもので、2014年から地域小学校の児童の下校を見守る活動を継続しておこなっている。地域の防犯ボランティアによる児童の見守り活動では、通学路のポイントにボランティアが立って、児童の

写真12-1　まもろーる

登下校を見守る活動が多く見られるが、「まもろーる」は、学生が児童の下校に付き添い、自宅近くまで見送るという活動である【写真12-1】。

活動の背景として、この地域の特殊性があげられる。2つの小学校区が統廃合された地域であり、学区は広範囲で、一部、バス通学をする児童もいる。児童数100人超の小規模校であり、児童が一人で下校することがあること。通学路は全体的に見晴らしが良いが、場所によっては各ポイントに民家が数件しかないために不審者に出会った場合、逃げる場所が少ないこと。小学校前の道路は高速道路の開通により大型トラックの交通量が増え、歩道の道幅は狭いために注意が必要であることなど、さまざまな課題がある。

学生たちが防犯ベストを身につけ、地域に出て児童の下校に付き添う活動は、「地域の目」を増やすことであり、犯罪が起きにくい環境となって、抑止力にもつながっている。

一方で、学校側との対話のなかで「守られるだけではなく、自立を促したい」という教員の意見もあった。一見、活動に逆行する意見なのかもしれないが、学校は地域との連携を深め、「地域全体で子どもを見守る」という体制を構築しつつ、「自分の身は自分で守る」ための実践的な防犯教育をおこなっていく必要がある。

また、学生たちは、「まもろーる」に加えて、2015年より地域を自転車で巡回して見守る「まもちゃり」を開始した。「まもろーる」は、児童の下校時間に合わせておこなう活動であるため、授業のない学生に活動が限られるという課題があったが、「まもちゃり」は、学生の授業の空き時間におこなうため、時間の制限がなく、自由に誰もが活動することができる利点がある。「まもちゃり」の活動も「地域の目」を増やす活動であり、抑止力につながる効果的な活動となっている。

しずおかランニングパトロール（SRP）

　静岡県では、地域防犯パトロール推進プロジェクト「しずおかランニングパトロール」を2018年10月からスタートさせた。この活動は、地域でチームをつくり、ランニングをしながら地域をパトロールする活動である。

　我が国のジョギング・ランニング人口（週1回以上）は、467万人〔笹川スポーツ財団、2016〕といわれ、幅広い年代に親しまれている。これらの層を防犯ボランティアに取り込むことができれば、高齢化、若者世代の参加促進の課題が大きく変化することが期待できる。さらに、企業のCSR活動の一環として、地域に根差す企業がランニングパトロールに取り組むことができれば、地域貢献、社会貢献につながるものであり、積極的な参画が期待される。

　これからの地域の防犯活動を強化し、児童の安全を見守る「地域の目」を増やしていくためには、これまで防犯活動に興味・関心を示さなかった世代をいかに取り込むことができるかにかかっている。そのためには、「地域全体で子どもを守る・育てる」という意識の共有が重要であり、地域の一員としての帰属意識を持つことができる活動は有効であるといえる。

常葉大学ランパト隊

　しずおかランニングパトロールのマニュアルでは、自主SRPと定例SRPに分けられ、学生の活動は自主SRP（ヤング防犯ボランティア）とされ、授業の合間などに活動できる自由度のある活動になっている。活動の事後報告は必須であるが、原則、学生による運営がおこなわれている【写真12-2】。初期メンバーは8名であったが、現在17名が登録して活動している。

　ランパト隊の活動は、「まもろーる」をおこなっている学校ではなく、大学の近隣にある別の小学校区を活動場所としており、二つの活動の住み

写真12-2　しずおかランニングパトロール

分けをおこなっている。活動開始にあたっては、小学校児童との顔合わせ会をおこない、大学生がお揃いのユニフォームで通学路を走ってパトロールすることを児童に伝え、活動を開始している。これらの活動が地域に定着していくためには、地域の理解と継続した活動が必要であり、無理なく長く続けていくことが「地域の目」となっていくことになる。

······ Let's work together! ······

① 過去の事件や事故、不審者情報など、警察署が発信している情報から、あなたが住む地域の防犯の現状や課題について、調べてみましょう！

② 大学生が防犯ボランティア活動をおこなうためには、どのような要素が必要なのか、考えてみましょう。

③ 大学生が地域と連携・協働してできる防犯ボランティア活動を企画・運営してみましょう！

参考文献

警察庁「防犯ボランティア団体の活動状況等について」2018.
　　https://www.npa.go.jp/safetylife/seianki55/news/doc/20180330.pdf#search
木村佐枝子「地域ボランティア活動事例I　常葉大学地域防犯ボランティア活動」『大学と社会貢献』〔創元社, 2014〕pp.119-137.
「登下校時の子供の安全確保に関する関係閣僚会議」登下校防犯プラン, 2018.
　　https://www.npa.go.jp/bureau/safetylife/bouhan/tougekou/bouhanpuran.pdf

chapter 13

ボランティアと防災

はじめに

　わが国は、世界でも有数の災害大国である。その位置、地形、地質、気象などの自然的条件から、台風、豪雨、豪雪、洪水、土砂災害、地震、津波、火山噴火などによる災害が発生しやすい国土となっている。世界全体に占める日本の災害発生割合は、マグニチュード6以上の地震回数20.5%、活火山数7.0%、死者数0.3%、災害被害額11.9%など、世界の0.25%しかない国土面積に比して、非常に高くなっている。

　これら自然の猛威、つまり地震や台風、豪雨、火山噴火などは、人間の力で止めることはできない。したがって、起きた際にできるだけその被害を少なくすることが重要な課題となる。そのためには、起きる前からの備えが必要となり、それを広く普及させるためにはボランティアの力が不可欠なのである。

災害に対する備え

　災害に対する備えには、ハード対策とソフト対策、人的資源がある。ハード対策とは、ダムや堤防、防波堤、防潮堤などの強化や建築物の耐震化などがあげられる。それに対して、防災におけるソフト対策とは、防災情報システムやハザードマップ、防災訓練、防災教育などである。さらに、人的資源としては、災害時に自分の命を守ったり人の命を救ったりできる人間力を備えた人々ということになる。災害時には、この三つが機能してはじめて人的、物的、経済的被害を最小限に抑えることができるのである。

　ハード対策は即効性がある。たとえばダムや防波堤が完成すれば、その時点から防災の機能を果たすことになる。しかし、ソフト対策は、

即効性は低いと言わざるをえない。なぜならば、ハザードマップを作っても、それが普及して多くの市民が活用しなければ意味がない。防災教育のテキストをいくら作ってもそれを学んで多くの児童や生徒が防災力を身に付けなければ災害対策が出来たことにはならないのである。つまり、ソフト対策は、ソフトそのものの開発はもちろんのこと、それを活用して人的資源を増やさなければ機能しないため、時間と労力がかかるのである。そして、その関連から人的資源の確保は、開発された防災関連ソフトの使い手である防災力をもった市民をいかに多く育成するかということなる。

市民の防災力

　わが国が近い将来直面するであろう危機として、南海トラフ巨大地震や首都直下地震がある。南海トラフ巨大地震は30年以内70%〜80%の確率で起こるとされており、その規模は最大でマグニチュード9.1、震度7、最大津波高34メートルにもなる。その被害は全国におよび死者数32万3千人、避難者950万人、建物の全壊239万棟、経済的損失220兆円という未曾有の災害となると想定されている。また、首都直下地震（都心南部直下地震）は、30年以内70%の確率で起きると考えられており、マグニチュード7.3、最大震度7が想定されている。被害想定は、死者数2万3千人、建物全壊・焼失数61万棟、経済的損失95.3兆円が想定されている。

　このような国難とも言える大規模・広域災害では、一部の市民の防災力がいくら強化されていても、被害を最小限に留めることは不可能である。市民の多くが防災力を身につけておかなければその効果は期待できない。したがって、防災力を強化するための防災教育や防災訓練、研修などを全国的に普及していくことが急務の課題である。

　このことを実現させるためには、一部の研究者や専門家では不可能であり、はじめに述べたように、ボランティアの力が不可欠なのである。平時から防災教育、防災訓練・研修などを実施することができるボランティアが求められる。

防災教育・研修
　それではどのように市民の防災力向上を図るのか。

防災教育は主に学校で、防災研修は主に地域コミュニティや企業でおこなわれることが多い。防災教育にしても防災研修にしても、その目的は、一人一人が自分の命を守り、他者の命を助けることができる実践的な能力を身につけさせることである。そのためには、単なる知識ではなく、知識に基づいた判断力や対応力、応用力、さらには災害時に率先して行動できる力、いわゆる防災力を養わなければならない。そのためには、一人一人が主体的に学ぶ、いわゆるアクティブラーニングの手法をとりいれた教育が望まれる。そして、それを実現させるために、プログラムや教材の工夫、教え方の工夫が必要となる。たとえば、防災の教材の開発では、次のようなものが考えられる。

①**クイズ型、カルタ・双六型**　これらは、平易で気軽に楽しめ、子どもから大人まで活用することができる。主に、防災に関する知識習得に役立つ。
②**ワークブック型**　災害や防災を体系的にワークブックにしたものであり、災害や防災を全体として捉えるとともに、それぞれの分野を学びながら、ワークをおこなうことで考える力が身につく。
③**画像・映像型**　画像や映像をみることで、災害をリアルに疑似体験することができ、災害の恐ろしさを認識するために役立つ。
④**タイムライン型**　災害を時間の流れにそってシミュレーションするように作られた教材であり、気象災害や地震などを疑似体験しながら、場面ごとにリアルタイムで対応する能力が身につく。
⑤**問題解決型**　災害時に生じるであろうさまざまな問題をどのように可決していけばよいか、与えられたテーマをグループで考えて解決策を見出していく。災害対応の判断力を身につけることができる。

　防災訓練
　防災訓練は、災害発生時に命を守るための最も重要な訓練である。にもかかわらず、多くの防災訓練は、決まりきった内容のものでイベント化してしまっている。もっと、災害時に役に立つ防災訓練を工夫して実施していく必要がある。具体的には、次のような防災訓練があげられよう。

①**リアリティのある防災訓練**　避難経路に、火災が発生したことを表す炎の形をした標識を置いたり、等身大の人形を負傷者としておいて人命救助

をするように指示したり、その他さまざまな障害物をおくなどして、避難訓練者がそれらの課題に臨機応変に対応しながら避難場所に集合するというものである。その場で現状を的確に把握して行動し避難できる能力を養う訓練である。

②率先避難型防災訓練　学校での防災訓練は、一般的に授業中におこなうが、あえて休み時間などに実施する。児童生徒が各自、自分の判断で友達などに声をかけながら避難場所に集合するというものである。率先して避難する能力を育成する訓練である。

③シミュレーション型防災訓練　たとえば図上防災訓練では、具体的な災害を設定し、グループで地図を見ながら、災害の状況をメージしながら避難経路を考え、複数のパターンを記入することで、最適な避難経路を選択できる能力を養う。さまざまな状況を想定し、人の役割や機器の動作の流れを確認する訓練も有効である。

訓練とマニュアル

　シミュレーション型訓練において特に重要なことは、事前のマニュアルの整備である。訓練の目的のひとつがマニュアルの点検であるといってもよい。被災当時に次から次へ臨機応変な決断に迫られたリーダー経験者のなかには、マニュアルなど必要ない、まったく役に立たないと主張する人もいる。優れたリーダーの活躍による対応の成功事例として語られることが多いが、その事例はかなりの部分でリーダーのパーソナリティに依存している。広域災害を想定した場合、対応の現場は無数にあり、市民それぞれが自身や家族、そして近隣住民や職場の人の安全のために素早く行動を起こす必要がある。マニュアルや訓練はそのための基礎知識の共有であり、これまでに起きた多数の災害の教訓を未来に当てはめた具体的なかたちなのである。当然、想定外も多く発生するが、それをいち早く認知してリーダーの指示に注目する市民が多ければ、社会全体の防災力も高いといえるであろう。

防災ボランティア

　防災ボランティアは、地域コミュニティにおいて、昔からおこなわれてきたと言える。たとえば、全国各地で歳末になると自治会やボラ

ンティアの人たちが拍子木をたたきながら「火の用心」と声をかけつつ夜回りをおこなってきた。これは、火災予防を目的とした平時の地域活動である。

　また、昭和30年代から自主防災組織が組織され始め、今や全国に広まり、その組織率は80%以上あり、その数も16万を超えている。これは、地域の防災を担う任意の団体であり、地域の人々のボランティア精神によって成り立っている。災害時には地域で情報収集・伝達、初期消火、救出、救護、避難誘導、避難所運営などを担う。日常の活動としては、防災知識の習得を目指して防災ビデオの上映や講演会の開催、防災訓練の参加や実施、救命講習会の実施、家庭内の防災対策の促進などの活動をしている。

　そのほか、民間の団体による救命士講習会の実施や大学生や高校生のボランティアによる防災出前授業などが、全国各地で実施されている。

市民救命士講習（事例）

　「防災士」という、NPO法人日本防災士機構が認定する資格がある。阪神・淡路大震災の発生を契機に、市民防災リーダーを育成する目的で創設された資格で、2018年11月現在の登録者は全国で159,118人にのぼる。関西国際大学は2016年度より授業に防災士養成講座を取り入れ、これまでに302人の学生防災士を誕生させている。資格を取得した彼らの、学内や地域における具体的な活動メニューのひとつに市民救命士講習がある【写真13-1】。

　市民救命士講習は、自治体によってメニューに違いはあるが、多くの消防署が主催する3時間の「普通救命コース」が一般的である。心肺蘇生法とAEDの使用方法を中心に、けがの手当や搬送法などを含み、受講すると消防署より「修了証」が発行される。この講習をおこなうインストラクターを応急手当普及員といい、現在では多くの自治体で市民の応急手当普及員が活躍している。

　応急手当普及員資格を取得するには、24時間から45時間程度の研修受講が必要で、手技に加え筆記試験にも合格しなければならない。資格取得後は、自治体のルールに従って、「普通救命コース」を主催し受講者に消防署からの「修了証」を発行することもできる。2016年度か

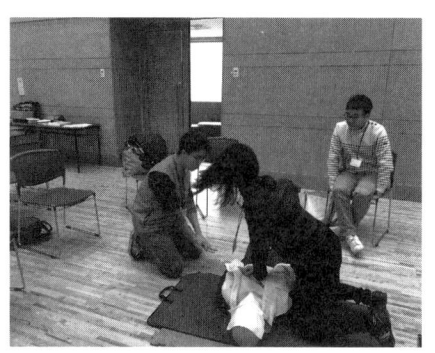
写真13-1　地域での救命士講習

ら応急手当普及員の資格を自治体同士で人称しあう制度が広まり、住所地で取得した資格を職場や学校で活かす、あるいはその逆も可能となった。

　防災士を目指す学生は、防災士資格登録に必要となる普通救命コースを受講し、さらに防災士のなかで応急手当普及員の資格を取得した者は、サークル「KUIS BOSAI」の活動のなかで後輩や市民に対して講習を実施している。人形や練習機などの必要な備品購入については日本財団のGAKUVO〔2017年度〕という助成制度の支援を得た。

　応急手当は災害時だけでなく、日常の事故や病気の際にも役立つ知識であり技術である。学生は学ぶだけでなく、教えることを通じて知識を豊かにし、防災クイズを取り入れるなどの工夫を通じて受講者とコミュニケーションを図り、市民防災力の向上に貢献したいと活動している。

学生による子どもたちの防災体験（事例）

　学生防災士らは夏休み特別企画として地域のこどもたちを対象としたイベント「自由研究　非常持ち出し袋の中身を考える」を実施した【写真13-2】。数多い防災グッズを機能別に7つの虹色のカテゴリーに分け、わかりやすく、もれがないように工夫した。赤は保温、橙は食糧、黄は灯り、水色は水、青は衛生用品、紫は情報、そして緑はコンタクトレンズや薬や入歯洗浄剤などそれぞれが必要とするものを示すこととした。また、実際に非常持ち出し袋に入れてみて体重計で重さを測り、持って逃げられそうか話をする。こどもたちには保護者が同伴するため、防災についての親子の会話も弾んでいた。

　学生はこの活動を通じて、同じ目的の防災グッズでも、平時の携行品と非常持ち出し袋と備蓄のそれぞれで最適なものは何か考え、スマホのように灯りと情報の両方を満たすものとバッテリーの必要性など

にも気づいていった。

　このようにボランティアは、防災への取り組みを通じて平時のコミュニケーションを密にし、いざというときにも強い、安全で安心な社会を築くために大きな役割を果たしているのである。

写真13-2　夏休み自由研究

····· Let's work together! ·····

①　南海トラフ巨大地震や首都直下地震について、詳しく調べて発表し、どのような防災ボランティアが必要か、皆で話し合ってみましょう。

②　防災教育教材をグループで作ってみましょう。防災カルタや防災すごろくなどを工夫してもよいし、新たに開発してもよいです。

③　家族や自治会、職場の人たちと、災害が発生したときの時間帯や曜日、季節、相互支援の必要性によってさまざまな対応パターンがあることを確認しておきましょう。

参考文献

矢守克也、諏訪清二、舩木伸江『夢みる防災教育』〔晃洋書房, 2007〕

前林清和『社会防災の基礎を学ぶ —— 自助・共助・公助』〔昭和堂, 2016〕

chapter 14

ボランティアと災害

はじめに

　大規模災害が起こると多くの人々が被災するため、救援活動、避難所支援などに多くのボランティアの力が必要となる。近年、わが国では大規模災害が頻繁に起きており、災害時のボランティア活動のニーズが一段と高まっている。

　ところで、災害ボランティアが、注目されるようになったのは、1995年の阪神・淡路大震災であり、その後1995年をボランティア元年と呼ぶようになった。地震発生直後から、日本全国はもとより、海外からも多くのボランティアが駆けつけた。発災72時間以内にはすでに各地の避難所にボランティアが到着しており、被災地内でも地域の住民が自発的に協力してボランティア活動がおこなわれていた。その後、支援活動は長期にわたり、ボランティアの数も延べ160万人にのぼった（1996年末まで）。

　これ以降、災害ボランティアは、全国に広がり、また組織化もされてきたのである。そして、1997年のナホトカ号重油流出事故、2004年の新潟県中越地震、2011年の東日本大震災、2015年の「平成27年9月関東・東北豪雨災害」、2016年の「熊本地震」、2018年の「平成30年7月豪雨災害（西日本豪雨災害）」など、大規模災害が起こる度に全国から多くのボランティアが参加し、被災地のために尽力している。

災害ボランティアの心得

　被災地でのボランティアは、一般のボランティアとは違い、次のような特殊性がある。

① 変化即応性

災害におけるボランティアのニーズは、災害発生とともに生じ、その局面ごとに変化していくのが特徴である。活動場所を例にとっても、被災現場、避難所、仮設住宅など刻々と変わっていく。したがって、いち早く被災地のニーズを把握し、即応する体制をとることが必要である。理想的には現地に調査チームを派遣したり、スタッフを常駐させたりして、情報を入手しながら現地のニーズに則した活動計画を立て実施していくことが望まれる。現地にスタッフを派遣できない場合でも、現地にカウンターパートを見つけ、連携して情報を得るなどして被災地の情報やニーズをできる限り把握することが必要である。

②安全確保

被災地にボランティアに行く場合は、まず、ボランティア自身の安全を確保しなければならない。地震の場合を例にとれば、いつ余震が起きるかわからず、また余震に伴う津波の可能性もある。また、作業中に建物の倒壊やがけ崩れなどが起こるかもしれないし、瓦礫の撤去中にケガをするかもしれない。これらのことを考慮して、ボランティアの安全の確保を徹底しなければならない。

また、活動時は、一人ではなく、ペアあるいはグループで活動することが不可欠である。

③自己完結

被災地でボランティアをおこなう際は、自己完結型でなければならない。活動するために必要なものすべてをボランティア側で用意することが大前提である。被災地では、物や人手がたりない状況にある。したがって、ボランティアが現地で食料を調達したり、被災者の手を煩わしたりするようなことがあれば、その活動はまったく意味がない。自己完結を前提に、装備、移動手段、宿泊先などを計画し、可能な限り組織として活動することが望まれる。

④緊迫性

被災地では、地震で壊れた家、津波に流された町、土砂崩れで泥に埋もれた自動車などの光景が広がっている。そして、避難所には、命からがら生き延びた人たちであふれている。このような状況で、外か

ら来た人間はどのようにふるまえばよいのであろうか。もちろん、一般のボランティア活動のように皆ではしゃぐようなことはしてはいけない。被災者の心を傷つけることになる。活動以外の自由時間や宿泊所においても、現地の状況や被災者の気持ちを考えたうえで、自分の立場を考えて行動することが求められる。

被災者への対応

被害を受けた多くの人は、心に傷を負っている。また避難所などの生活に疲れてもいる。そのような気持ちを尊重し、その心に寄り添いながら活動することが重要である。また、常識ある行動と言葉使いを心がける必要もある。

場面ごとの活動

被災地では、学校や地域センターが避難所として使われていることが多い。このような場所では、被災者のプライバシー確保や配慮が十分ではない場合が多く、被災した人たちの心理的な負担が大きいことを忘れてはいけない。

個人宅での活動、たとえば「泥だし」や壊れた家財道具や生活用品の片づけのボランティアに行く場合は、たとえ家が住めないような状態であっても、その家の持ち主や家族の指示に従うか、了解を得て活動をおこなわなければならない。たとえ瓦礫にみえるものでも被災者にとっては想い出の品であり、勝手な解釈で処理や処分をしてはいけない。

仮設住宅で活動する際は、会長などの責任者に了解を得てから実施すべきである。仮設住宅での活動は、継続的に実施していくことが望ましいので、焦らずに住民との交流を通じて関係性を深めていくことが重要となる。

会話のしかた

被災地において日常的な会話をしているなかで、知らず知らずのうち

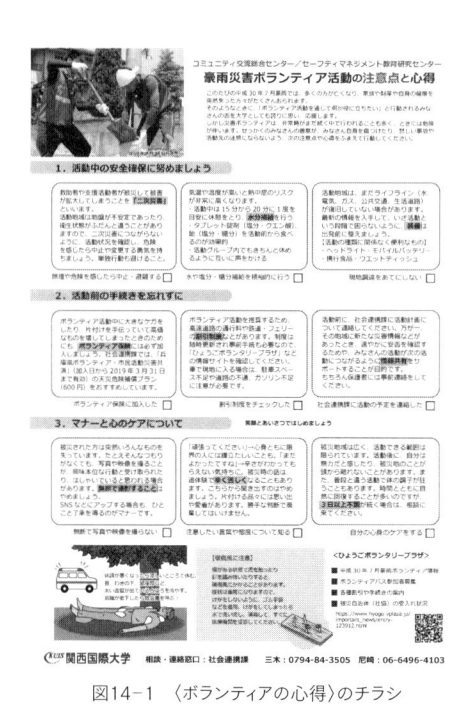

図14-1 〈ボランティアの心得〉のチラシ

に被災者の心を傷つけてしまう場合がよくある。話し方や聴き方を少し変えるだけで、お互いの心を守り、辛くならないで済むようになる。

被災者に対して何かを求めるような発言をしないこと

「頑張ってください」という言葉は日常よく使うが、被災地では使わないようにすべきである。なぜならば、被災者はすでに十分頑張っているのであり、それに追い打ちをかけるようなことをすると大きなストレスとなる。頑張るのはボランティアに来た私たちであることを忘れてはいけない。また、「気分を変えて」という言葉も、相手には軽々しい言葉に聞こえる。

被災者に安易な慰めの言葉をかけないこと

「生きていてよかったですね」や「明日はきっとよくなるよ」などは、家族や身近な人を失った人にとっては、うわべだけの空虚な慰めの言葉と感じられ、怒りやさらなる苦悩を与えてしまうことになる。

被災時の話や家族の話をこちらから聞くことは控えること

災害で家族や家を失うといった喪失体験による悲嘆は、そのときのことを他人に聴いてもらうことで和らぐことがある。しかし、その時期は個人によって違い、本人が話そうと思ったときのことである。「話す気がないのに聞かれたから話してしまった」という場合は、かえって被災者の悲嘆を深めることになることがある。したがって、「どのように被災されたのですか」とか「ご家族は大丈夫でしたか」などを、

こちらから聴くことは避けることが賢明である。

相手が被災したときの話や家族の話をしてきたときの対応

被災者が被災体験や亡くなった家族の話をしてきたときに、その話を聴くのが辛くて聴くことができないと思ったときは、話題を変える、あるいは「作業がありますから」などといってその場を離れることが肝要である。また、話を聞こうと思ったときは、親身になって聴くだけで、こちらから質問するようなことはしない。また、長い時間聴くと、お互いが後で精神的にダメージを受けたり、辛くなったりする。話を聴く時間の目安は、10分から15分程度にすることが大切である。なお、話を聴く際は、できるだけ一人ではなく複数が望ましい。

被災者と話をするなかで、安易に約束をしないこと

被災地で、被災者と親しくなると、「近いうちにまた来てくださいね」と言われることがある。その際、断りづらいので、来る予定もないのに思わず「必ず来ます」と答えてしまう場合がある。これは、相手に期待を抱かせてしまい、来ないことでその期待を破ることになるので、安易な約束をしてはいけない。

被災者支援の実際

2018年には、大阪府北部地震、平成30年7月豪雨、台風第21号、北海道胆振東部地震などにより自然災害が相次いで発生した。特に広域で被害にみまわれた平成30年7月豪雨の被災地は、九州、中国、四国、近畿、中部の各地で死者行方不明者が出た。ここでは関西国際大学の学生らによる災害ボランティア活動事例を紹介する。

丹波市市島町

関西国際大学は、2014年の豪雨災害で被災した丹波市市島町において、家屋などの土砂をかたづけるボランティア活動を実施した。以来、市と大学間で協定を締結し、共同での災害復興イベント企画運営や学生のインターンシップを受入・派遣などの交流を続けてきた。2018年7月、豪雨災害により市島町が再度被災したことを受けて、同大学は発災後約10日の最初のボランティア活動を丹波市でおこなうことを決

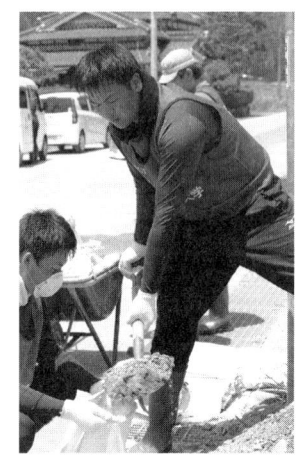

写真14-1　丹波市での作業の様子

め、野球部員ら学生有志12名と教職員で半日間の泥かきと土嚢積み作業をおこなった。活動において懸念されたのは熱中症である。連日35度近い気温が続いており、OS1（経口補水液）や塩タブレット、清涼飲料水、氷や水などを用意して臨んだ【写真14-1】。

学生や市民団体の活躍と丹波市の協力によって、住居エリアの作業は捗り、泥かきで出た土嚢を活用して河川の土手を応急的に補強する作業もおこなうことができた。学生の体力とチームプレイが被災地の復旧に役立った活動である。

この活動の3日前に教職員が現地に入り、丹波市の協力を得て活動エリアと活動内容、そして周辺の安全確認をおこない、必要な装備は大学が整えた。片道2時間半のバスの中で、往路は事前研修を実施し、復路はふりかえりをおこなった。

倉敷市真備町

平成30年7月豪雨災害で最も被害が大きいといわれる地域のひとつ、倉敷市真備町において、発災から2ヵ月半後に学生と市民による家屋の片付け作業をおこなった（ひょうごボランタリープラザとの協働事業）。

まずバスで倉敷市のボランティアセンターに入り、事前申し込みに沿って受付を済ませ、市内に4つ設けられたサテライト会場に移動しオリエンテーションと物品の貸与を受けた。その後、5人ほどのグループに分かれて活動先の家屋に案内された。移動距離が長い地点へは移動・物品運搬を提供してくれる送迎ボランティアの支援を得た。

家屋での活動は、雨戸や網戸の泥落としなどが中心であった。熱中症を警戒し、20分ごとに10分の休憩を挟みながら、水をかけただけでは落としきれない泥汚れをブラシでこする作業が続いた。復路車中のふりかえりでコメントとして多かったのは、被災から2ヵ月半経ってなお、家屋の復旧は進んでおらず、長期的にボランティアの手が必要ということであった。

活動に必要なブラシやスコップなどの備品はサテライトで用意されており、参加者はそれぞれの装備（長靴、長袖長ズボン、帽子など）を大学の事前案内に従って整えていた。大学の活動を支援する地元企業から寄付された物品もあった。活動後は洗身のためスーパー銭湯に立ち寄った。

なおこの活動の企画担当者は、約2週間前に、神戸市社会福祉協議会が主催する同じ真備町での活動に加わり、スケジュールや活動内容、装備などの事前確認をおこなっている。

災害ボランティアセンター運営補助

教育学部で社会福祉を中心に学ぶ学生7人とソーシャルワークやボランティア活動を専門とする引率教員1名が、2018年9月の中旬に7泊8日で広島県呉市においてボランティア活動をおこなった（赤い羽根「平成30年7月豪雨災害 ボランティア・NPO活動サポート募金」助成事業採択）。

学生たちの専門性や学びも重視した活動内容で、被災された方を直接支援する活動ではなく、ボランティアセンター運営側をサポートするスタッフとしての活動が中心であった。

最初の2日間は家屋の片付けのボランティアとして参加し、この体験によってセンター運営に求められる役割を学んだ。3日目からは本格的なボランティアセンターの運営としてセンター受付業務や物品管理のほか、仮設住宅の訪問、交流イベントの企画運営にも携わった【写真14-2】。

活動に際し難しかったのは宿泊場所の確保であった。手頃な価格のビジネスホテルは既に埋まっていたため、6泊は信者以外も受け入れているキリスト協会が提供する会議室に寝袋とマットを持ち込んで宿泊させてもらった。幅広い活動メニューに対応するべく長靴やヘルメットなども持参したため、往路の新幹

写真14-2　イベントの準備をする様子

線での荷物は大量になった。開通したばかりのJRの電車内で見知らぬ地域の方から「ありがとう」と声をかけられたこともあったという。

　このように、災害が発生したあとのボランティア活動には、平時のボランティアと違ったニーズや注意点がある。今後は被災した地域コミュニティの再構築を支援する活動も求められるだろう。

　もし、災害報道や身近な人の話を見聞きし、自然災害により突然日常を奪われた人に対して「何か役に立ちたい、寄り添いたい」と思ったなら、まずは準備のうえ行動してみることを勧めたい。

⋯⋯ Let's work together! ⋯⋯⋯⋯⋯⋯⋯⋯⋯⋯

①　大規模災害が起こり、被災地にボランティアに行く場合、どのような準備をすればよいか、グループで話し合ったり、調べたりして、リストを作成してみましょう。

②　被災地でのボランティアは、個人ではなく、大学やNPOなどの組織に加わって活動することが望ましいです。災害ボランティアを専門的におこなうNPOなどの団体について、調べてみましょう。

③　災害ボランティアで活動したことを他者と共有する機会は、自分自身のふりかえりにもなり、また仲間を増やすことにもつながります。感じたことや伝えたいことを自分の言葉でまとめてみましょう。

参考文献

兵庫県・(財)21世紀ひょうご創造協会『阪神・淡路大震災復興誌　第一巻　1995年度版』

神戸学院大学 学際教育機構 防災・社会貢献ユニット 編『東日本大震災ノート災害ボランティアを考える』〔晃洋書房, 2012〕

前林清和『社会防災の基礎を学ぶ —— 自助・共助・公助』〔昭和堂, 2016〕

chapter 15

ボランティアと地球環境

はじめに

　朝起きてから、夜寝るまで、私たちは地球の資源を使って生活をしている。地球で育った動植物を口にし、地球にある天然資源で作った電気やガスを使い、水を飲み、衣類を身にまとう。それと同時に、地球に負荷をかけて生きている。二酸化炭素を発生させ、汚水を流し、森林を伐採し、地球上の自然では分解できない製品を作り、それを地球上に廃棄している。これはつまり、人間が生きていくこと自体そのものが地球に負荷をかけていることを示している。しかし、私たちは普段一つ一つの行動が地球環境にどのような影響を及ぼすかなど考えて生活している人はほとんどいないだろう。

　本章では、私たちの生活と地球環境破壊がどのように関わっているのかを明らかにし、それに対する地球規模での取り組みと、一人一人の取り組みについてみていきたい。

身近なものから考える環境問題

車や電化製品

　私たちは、車に乗れば、どこにでも出かけられ、エアコンや冷蔵庫、電子レンジ、テレビなどの電化製品に囲まれて、スイッチを押せば電気がつくといった便利な生活を送っている。私たちが普段使っている車や電化製品や、電気などのエネルギーを作るためには、石炭、石油、天然ガスなどの大量の化石燃料が使われている。これらを使えば使うほど、化石燃料などの資源は枯渇し、かつ大量の二酸化炭素を発生させ、温室効果ガスを排出することにつながっている。私たちが普段使っている車や2016年の家庭が間接排出する二酸化炭素排出量の割合は、16%である【図15-1】。家庭からの二酸化炭素排出量の内訳とし

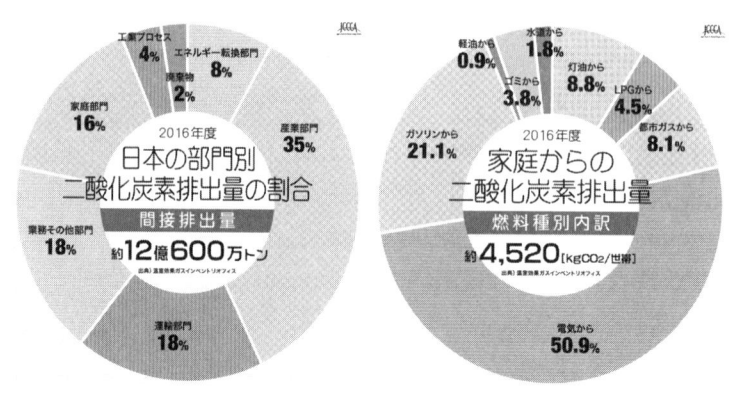

図15-1　日本の部門別二酸化炭素排出量
（2016年）―各部門の間接排出量―
出典）温室効果ガスインベントリオフィス

図15-2　家庭からの二酸化炭素排出量
（2016年）―世帯当たり、燃料種別―
出典）温室効果ガスインベントリオフィス

て最も多いものは、照明。電化製品などからで36.2％、次に自動車から22.1％、そして給湯から14.6％、暖房から13.9％、その他となっている【図15-2】。産業部門や運搬部門などなどその他と比較すると、多くは感じられないかもしれないが、この家庭部門の排出量は、1990年と比較すると増加傾向にある。その要因として、電化製品の種類が増加したこと、単身世帯を含めて世帯数が増加したこと、電化製品の保有台数が増加したこと、そして電化製品が大型化したこと、などがあげられる。

　私たちの便利な生活から生み出された二酸化炭素やメタン、フロンなどの温室効果ガスは地球の表面から地球の外に向かう熱を大気に蓄積したり、再び地球の表面に戻したりする性質がある。18世紀半ばに産業革命以降、人々はさまざまな機械を開発し、化石燃料を利用してきた結果、地球上には多くの温室効果ガスを発生することにつながり、それによって地球の大気の温室効果が高まり、地球温暖化が引き起こされている。

　地球温暖化が進むことで私たちの生活にさまざまな弊害を引き起こすことが明らかとなっている。例えば、このまま地球温暖化が進めば、最も高い土地で海抜4.5mしかない、太平洋のサンゴ礁と環礁で形成されているツバルは海に沈むと言われており、すでにツバルの島の一つは姿を消している。また、海面が上昇することで高潮や洪水などの水害が多発したり、海水が押し寄せることで土地が塩性化したり、農作

物に大きな影響を及ぼしている。

今のまま経済活動を続けた場合100年後には4℃前後の気温上昇が予測されている。たった4℃と思うかもしれないが、私たちの生活に大きなリスクをもたらすことが明らかになっている。IPCC（気候変動に関する政府間パネル）の第5次評価報告書では、日本における気候変動の影響として、農作物の品質低下や生産不可能のリスク、相次ぐ強い台風の襲来や地域的な大雨などの異常気象の頻発、それらによる洪水の多発、夏が長くなり熱中症・感染症の増加、植物の生育地域の変化に伴う生き物の生育地域の変化や生態系の破壊などが発生するとしており、これらは今現在の当たり前の生活を送ることができなくなることを示している。

電気と原発

二酸化炭素の発生が地球温暖化を引き起こすのであれば、二酸化炭素を排出しないで、電気を作る方法を考えることを思いつくだろう。その一つが電子力発電である。化石燃料を燃やす火力発電のボイラーをウラン燃料の核分裂を引き起こす原子炉に置き換えたのが、原子力発電であり、発電段階では二酸化炭素をまったく排出することなく大量の電力を安定して供給することができる。原子力発電の大きなメリットは、使用済みの燃料からウランとプルトニウムが回収され、再び燃料として再利用することができることとされている。1966年に日本で第一号の電子力発電所が営業運転を開始し、2018年11月現在で23基が廃炉、再稼働をしている原子力発電所は9基となっている【図15-3】。

二酸化炭素発生を抑え、燃料を再利用でき、電力を安定的に供給できるという点でとても画期的に見える原子力発電であるが、同時にきわめて高い危険性を抱えている。それは放射性廃棄物と放射性物質の放出の危険性である。原発では燃料を再利用することができるが、それでもすべてを再利用することはできず、放射性廃棄物として処理される。なかでも強い放射線を出し続ける高レベル放射性廃棄物は、核のごみとしてその放射能レベルが低くなるまで10万年近くも厳重に保管し続けなければならない。そして、世界各国が頭を抱えているのはこの放射性廃棄物をどうするかということである。きわめて危険な核のごみをどのように処理するかを考えずに原発を進めてきた結果、大量の核のごみの行き場が定まっていないのである。

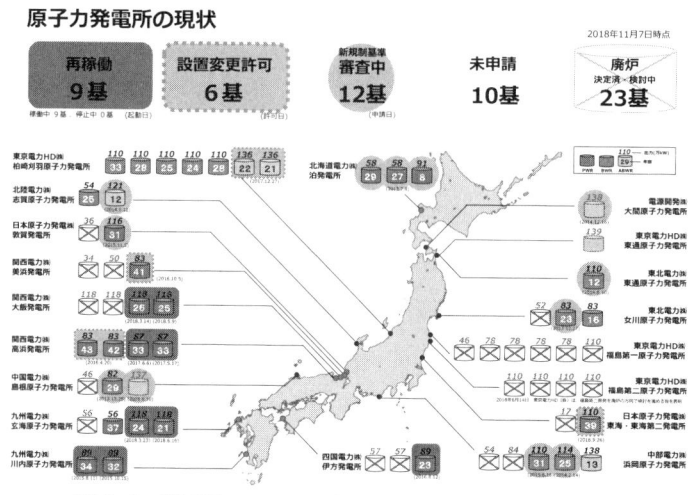

図15-3 「我が国における原子力発電所の現状」 出典:資源エネルギー庁

　また、原発による放射性物質の放出の危険性については、1945年に広島と長崎に投下された原爆による大量の死者と被爆した人たちのその後の症状を見れば一目瞭然である。放射線は人体の奥深くまで入り込み、細胞を破壊し、血液を変質させるとともに、骨髄などの造血機能を破壊し、肺や肝臓などの内臓を侵すなどの深刻な障害を引き起こす。被ばくをした人々は、がんや甲状腺機能の低下、白内障、心筋梗塞などさまざまな影響で苦しめられている。また、1986年ウクライナ北部のチェルノブィリ原子力発電所で起きた事故では、ベラルーシ、ロシアなどにも放射性物質が降下し、人体への影響を考慮して原発半径30km圏内が居住禁止区域となった。チェルノブイリでも内部被ばくも含めて多くの人々に影響を及ぼしている。なかでも小児の甲状腺がんや小児白血病、さらには先天性疾患や遺伝子疾患など妊婦である母親の被ばくがお腹の胎児に影響を及ぼしたことが明らかとなった。

　2011年に発生した東北地方太平洋沖地震後の地震動と津波により発生した福島原発の事故は記憶に新しい。この事故により東北と関東を中心に日本全域、そして太平洋側の海洋が高濃度の放射性物質によって汚染された。事故から7年以上たった現在も、帰宅困難区域に住んでいた人たちは戻ることができない。

プラスチックとごみ

　私たちはスーパーでもらうレジ袋、ストロー、ペットボトル、プラスチック容器を日常の生活のなかで便利に使っている。しかし、これらは決して自然に帰ることはない。そのため、海に流れ着いたプラスチック製品は一生海水にさらされることになる。しかし不幸なことに、海にうかぶレジ袋やペットボトルのキャップなどを餌と間違えたて魚などの海洋生物たちが食べたり、魚や鳥がプラスチックのひもやビニール、釣り糸に引っかかったりして死んでしまうといったことが頻繁に起きている。タイの運河で発見されたゴンドウクジラの雄の胃から80枚のレジ袋など8kg近いプラスチックごみが出てきたことをNational Geographicは報じているが[1]、このようなケースは稀ではない。特に直径5ミリ以下の微小なプラスチック粒子は「マイクロプラスチック」と呼ばれ、プランクトンから大きなクジラまでが体内に取り込んでいる。皮肉なことに、その胃の中にマイクロビーズが入った魚を食べるのはプラスチックを生み出したまさしく私たち人間なのである。

　プラスチックは合成樹脂と呼ばれ、主に石油を原料として製造される。19世紀後半に発明され、日本では1960年代以降、日用品に多く採用されるようになった。子どものおもちゃを含む日用品以外にも、繊維原料、包装材料、電子機器や建築材料などにも幅広く利用されており、私たちの日常生活において欠かせないものとなっている。

　便利なプラスチックであるが、問題点としては、焼却の際に人体への有害物質であるダイオキシンを発生させることや、燃えると高温になることで焼却炉を傷めてしまうこと、そして、自然に帰らないため、適切に処理されず放置されたプラスチックが生態系を破壊してしまうことなどがあげられる。

　リサイクルの意識が進んでいる日本を含む先進国では、プラスチックごみを分別して回収するなどリサイクルがおこなわれている。しかし、実際にはこれまで生産されたプラスチック製品のうちリサイクルされたのはたったの9％で、大部分の79％は埋め立て処分または海洋などの自然環境に投棄されているのである[2]。また、リサイクルの意識が十分に浸透していない地域では、これまで食器代わりに使っていたバナナの葉っぱなどと同様にプラスチックの袋や容器が道端に投げ捨てられ、それらが排水溝を塞ぎ、汚れた排水や雨水が流れず衛生的にも劣悪な環境を生み出している。

持続可能な社会の実現に向けて

　これまでにも地球環境を守る取り組みは、国連、各国政府、NGOに
よって進められてきた。しかしながらそれ以上のスピードで地球環境
は悪化してきている。また、経済活動と環境汚染は切っても切り離せ
ない関係にあり、急速な重工業の発展は、国家全体のGDPを押し上げ
る一方で、環境汚染に加担することになる。日本の高度経済成長期の
1965～1974年には大気汚染のみならず、水質汚濁、自然破壊、新幹
線などによる騒音・振動など日本各地で深刻度を増すなど公害の激化
が大きな問題になった。工業化や経済成長が進んでいるASEAN諸国、
中国、インド、メキシコ、ブラジルなどの国々ではこれと同様のこと
が起きている。

　環境問題の解決の難しさは、地球環境である大気や海洋、自然その
ものがすべて地球全体の問題であるからにある。例えば中国で発生し
ている大気汚染や砂漠化は、中国の問題であるが、同時に偏西風によ
って中国から黄砂やPM2.5が日本に到来し大きな被害を受けている。
また、東南アジアで最も長いメコン川は、チベット高原が源流で、中
国、ミャンマー・ラオス国境、タイ、カンボジア・ベトナムを4200km
にわたって流れている。下流でメコン川の環境整備をしたところで、
上流の環境整備がおこなわなければ大きな意味をなさない。メコン川
では、中国の上流から全域で進められたダム建設によって、下流地域
では水不足や氾濫などの問題が起きている。

　また、後発開発途上国の国々では、人口増加による食糧不足や貧困
問題を抱えており、増加する人口に対する食料や水の確保のために、
森林伐採をして農地を広げたり、農地開墾のための焼畑農業をおこな
ったり、貧困であるがゆえに自然資源を収奪せざるを得ない状況があ
る。その結果、森林減少、農地の不毛化、砂漠化、二酸化炭素排出、
水の枯渇、などさまざまな環境問題が起きている。

　これらの解決のためには、各国政府が足並みをそろえて地球規模で
取り組んでいく必要があるが、各国政府の思惑もあり、容易なことで
はない。京都で1997年に開催された気候変動枠組条約第3回締約国
会議（COP3）では、気候変動への国際的な取り決めについての京都議
定書を定め、先進国全体で先進国の温室効果ガスの排出量を1990年比

で5％減少させることを目標とした。しかし、詳細ルールを決めるために2000年に開かれたCOP6では、強固なルールを求めるEUや発展途上国と、経済影響を懸念する米国や日本、ロシア、カナダなどが対立し、米国が京都議定書からの離脱を表明するなど難航し、ようやく2001年10〜11月のCOP7にて「マラケシュ合意」が締結された。日本は2002年に批准し、ようやく2005年に京都議定書が発効されたが、その後COPは紛糾し、2015年フランス・パリで開催されたCOP21（国連気候変動枠組み条約第21回締約国会議）で2020年以降の温暖化対策の国際枠組みとして『パリ協定』を正式に採択した。

　COPは温暖化対策の具体的な取り組みであるが、そもそも環境問題は地球温暖化を解決すれば解決するというわけでもない。人口増加、食糧不足、貧困問題、ジェンダー格差、などさまざまな問題が絡み合って結果的に環境問題が引き起こされているという視点が重要である。そこで、先進国も発展途上国も包括的に持続可能な社会の実現に向けて取り組むべき目標として、2015年の国連総会では、17のグローバル目標と169のターゲットを掲げた持続可能な開発目標〔Sustainable Development Goals: SDGs〕が採択された。このなかで地球環境に対する直接的な目標は、13. 気候変動に具体的な対策を、14. 海の豊かさを守ろう、14. 陸の豊かさも守ろう、である。

一人一人の取組とボランティア

　地球環境に対するボランティアというと、森をつくるための植樹、海や街、山のごみ拾い、森林保護、生態系の保護など、国内外を含めて、老若男女問わず気軽に取り組めるものから専門的な知識や技術を必要とするまでさまざまある。地球環境に直接的にアプローチするこれらの方法に対して、地域の問題を解決することで結果的に環境保護が可能となる間接的なアプローチもある。例えば、日本の農山村地域では過疎高齢化によって限界集落が増加している。こういった地域で、高齢者に代わって地域の草刈りや掃除などをおこなったり、農業の補助をしたりするボランティアの取り組み、耕作放棄地が増加しているなかで、これらの耕作放棄地を整備し、再生されるという取り組みなども注目されている。

　しかし、最も重要なことは、私たち人間が生きていること自体が地球からの恩恵を受けると同時に負荷をかけているということを認識し、生活のなかで一人一人ができることに取り組むことであろう。レジ袋の代わりにマイバッグ、割りばしの代わりにマイ箸、ペットボトルの代わりにマイボトルを持つといったことから始め、私たちが普段食べたり、飲んだり、使ったりしている製品についても人や社会、地球環境、地球に配慮した商品を選ぶことが大切である。私たち一人一人が環境に対して向き合うことで、消費を通して世界が抱えている問題を解決することに近づくことができるというこの考えは、エシカル消費と呼ばれ、2015年頃から世界で広がってきている。20世紀の大量生産大量消費からマイクロ市場で少量生産少量消費のビジネスが広がりつつあるなか、私たち一人一人が限りある資源の利用を消費を通じて考えていくことで持続可能な社会の実現が可能になるだろう。

Let's work together!

①　身近な環境問題を挙げてみましょう！

②　環境問題の解決に取り組んでいる活動を調べてみましょう！

③　環境問題に対して自分たちの立場で何ができるか考えてみましょう！

参考文献

（1）NATIONAL GEOGRAPHIC「餓死したクジラ、胃にビニール袋80枚」（2018/06/07）
　　https://natgeo.nikkeibp.co.jp/atcl/news/18/060600248/〔2018年11月20日〕

（2）Roland Geyer et al. (2017) Production, use, and fate of all plastics ever made, Science Advances. Vol.3, no.7

資源エネルギー庁ホームページ　http://www.enecho.meti.go.jp/

ボランティアと国際協力

はじめに

　私たちが暮らす地球には、大規模な課題が山積みとなっている。現在地球上にある日本を含む196ヵ国の国のうち、150ヵ国以上が発展途上国と呼ばれる国で、世界各地で起きる災害、人為的におこなわれた環境破壊、人口増加、食料や水不足、そして貧困問題、紛争、難民、貧困などの多くがこの発展途上国で起きている。しかし、これらの課題は、発展途上国だけの問題ではない。世界がグローバル化するなかで、これらの課題は国境を越え各国政府に、これからの国家ひいては世界の在り方を問うている。

　私たち日本人にとっても、これらの課題は他人ごとではない。一見他国の出来事に見えるが、その原因や結果に私たち日本人も大きくかかわっている。世界で起きている食料不足の裏で、私たち日本人は食料の約8割を海外からの輸入に頼っており、それにもかかわらず年間1,900万トンの食料廃棄物を出しているという。豊かに暮らすことのできる日本で消費されているもののなかには、途上国の貧しい子どもたちによって生産されているものがあると知ったら、それでも他人事と言えるだろうか。ここでは、私たちができる国際協力のボランティアについて述べていく。

国際協力とは

　国際協力とは、国際社会全体の平和と安定、発展のために、発展途上国・地域の人々を支援することである。世界中のすべての人々がより良く生きられる未来を目指し、人類共通の課題に取り組むことが求められている。

国際協力のかたち

　国際協力の担い手は、国際機関、各国政府、自治体、企業、NGO／NPO、その他の公益団体や教育機関などであり、それを実際におこなうのは、国際機関の職員やJICAの職員や専門家、コンサルタント、教員、一般の市民やボランティアなど多種多様である。したがって、平和のとらえ方や取り組みは、組織間においても、また国家間の関係においても必ずしも同じとは言えない。また、これまで多種多様な担い手が国際協力をするためには、何を（what）何のために（for what）いつまでに（till when）おこなうのかといった目標を設定しなければならない。

　そこで、国連では具体的な開発目標を時代に応じて設定してきた。現在は、貧困に対して最も効果を収めた世界的な取り組みである「ミレニアム開発目標〔MDGs: Millennium Development Goals〕」から引き継がれた、2015年から2030年までの「持続可能な開発目標〔SDGs: Sustainable Development Goals〕」で17の目標とそれに紐づく169のターゲットを達成すべく各国政府と協力している【図1】。SDGsは、誰一人取り残さない（No one will be left behind）を理念として、発展途上国だけではなく、先進国も中所得国も共に取り組むことを目標としている点で、これまでよりもより一層の

図16−1　SDGｓの17の目標

一人一人の取組が重要となる。

国際協力の方法

　国際協力の方法には、大きく分けて、国家レベルと民間レベルの二つに分けることができる。国家レベルは日本国政府がおこなう国際協力、民間レベルは民間企業やNPO／NGO団体などがおこなうものである。

国家による国際協力

　国家による国際協力は、政府開発援助〔ODA: Oversea Development Assistance〕と呼ばれ、発展途上国に対して直接支援をおこなう二国間援助と国際機関を通じて資金や技術を援助する多国間援助のふたとおりがある。二国間援助では、必要な資金を貸し付ける有償資金協力と、返済を求めない無償資金協力がある。さらに、技術協力といって発展途上国の国々が今後発展していくために必要となる知識や技術を提供する活動もおこなっている。

　ODAの内容は多岐にわたり学校などの教育施設や病院などの医療施設、上下水道設備などの社会インフラからダムや道路、橋、発電や送電などのエネルギーに関する経済インフラなど、発展途上国の人々の暮らしや経済発展の基礎になる分野に重点的に支援をしている。

民間による国際協力

　民間による国際協力は、NGOがおこなっているものである。NGOはNon-Governmental Organization 非政府組織であり、政府ではない民間の組織のことを表す。主に、国際協力をおこなっている団体を指す。

　NGOの規模はさまざまで、少人数で運営しているところもあれば大人数で運営をしている団体もあったり、すべてボランティアでおこなうところもあれば給与を支払う職員で運営をしている団体もある。なお、特定非営利活動促進法のなかには、「国際協力の活動」という項目があり、NGOでも特定非営利活動法人を取得してNPOとして運営している団体も少なくない。

　このほか、企業の社会的責任〔CSR: Corporate Social Responsibility〕として、発展途上国や貧困地域に国際協力プロジェクトを実施している企業もあ

る。大学などの教育機関においても、それぞれの専門分野を生かしながらさまざまな国際協力を実施している。

国際協力の内容

国際協力の内容は、災害発生直後などに現地の人たちに衣食住や医療のサポートをする緊急支援と海外の人たちが自立をした生活を送ることができるようにサポートをする開発支援の二つに分けられる。また、これ以外にも国際効力が必要となる人々について広く知ってもらうためのキャンペーンや啓もう活動などもある。

緊急支援

緊急支援においては、災害直後に食品や衛生用品、毛布やストーブなど支援物資を送り被災者に届けたり、医薬品と共に医者や看護師などの医療チームを派遣してケガや病気の対応にあたったりする。災害だけでなく紛争地域の難民や避難民支援も急を要すため緊急支援としておこなわれている。

自立支援

自立支援とは、発展途上国の人たちに対して経済的社会的自立を促すためにおこなう支援である。かつて日本を含む多くの国が貧しい国々に資金援助でもって自立を促そうとしてきた。しかし、結果的にそれは支援に依存する人々を生み出しただけであったという反省から、貧困に苦しむ人々が経済的に自立した生活を送れるように技術や知識を得る支援へとシフトしてきた。中国の老子は「飢えている人に魚を与えるのではなく、魚の釣り方を教えよ」と言っているが、援助のなかでは、魚の釣り方に加えて釣り竿の作り方から教えることが技術支援である。また、単に作ったものを渡すのではなく、当事者である途上国の人々と共に作り上げるといった参加型開発も1990年以降おこなわれてきた。

具体的な取り組みとしては、学校教育の充実を図る活動、移動図書館や退学者に対しての識字教育といったノンフォーマル教育の実施、人身売買を取り締まるための警察に対する技術指導、児童労働をなくすための奨学金プロジェクトなど、衣食住、教育、医療衛生など多岐

にわたる。

啓もう活動やフェアトレード

国際社会の現状について、もしくは私たちの生活が世界の課題と直結していることを広く知っている人は、さほど多くはない。私たちが安く買えるファストファッションが途上国のどこかで働いても働いても貧困から脱することができない人たちを生み出していることや、女性たちの化粧品に入っているキラキラのラメを生産するために劣悪な環境のなか、学校にも行けずに働いている子どもたちがいることを誰が知っているだろうか。こうした現状を広く伝える活動や、労働に対して正当な対価を支払って作られた商品を販売するフェアトレードなどは、私たちの意識や行動を変え、最終的には国際社会の在り方を変えることを目指している。

国際協力におけるボランティア

国際協力におけるボランティア活動には、さまざまな形態がある。大きく分けて、現地に行って直接おこなう活動と、現地での活動を日本国内でサポートする後方支援である。

現地に行って直接おこなう活動としては、日本国際協力機構〔JICA〕が派遣している青年海外協力隊、シニア協力隊、日系社会・青年海外協力隊、日系社会・シニア海外協力隊、NGOによるスタディツアーやボランティアツアーなどでの参加、現地でのボランティアに直接参加するなどの方法がある。

国際協力の活動なので現地に行くことが大切だと考える人もいるだろうが、実際に現地で国際協力の活動をしている人たちは、語学にもたけたその分野における専門家である。現地の人たちに対して、または現地の人たちと共に活動をするわけでコミュニケーションができなければ何も始まらないし、現地の人たちが必要とする知識や技術を持っていなければ意味がないのである。つまり、ボランティアであっても現地に行って活動をするという事は語学や専門的な知識や技術、コミュニケーション能力が求められるのである。そういう意味では、海外に行きたいというだけの動機で参加するには役不足であることも少

なくない。

　一方で、現地で活動することだけが国際協力ではない。日本国内においては、現地での必要とする物資を集めて送付したり、現地での活動を計画したり、現地でおこなう活動のための資金を集めたりする後方支援も活動を円滑に遂行するためには非常に重要である。近年では、街頭募金以外にもクラウドファンドといったインターネットを介して支援者を直接募る方法も広がってきている。

カンボジアにおけるノンフォーマル教育支援

　カンボジアは1946年にフランスから独立をしたアジアの国である。インドシナ半島で、ベトナムとタイとラオスに隣接している。カンボジアは独立後、政治的対立や隣国ベトナムで起きた戦争の火種によって内戦状態が続いた。なかでも1975年から1979年までの極端なまでの原始共産主義を掲げたポルポト政権下では、近代国家における教育、宗教、医療、社会システムすべてが否定され、ほとんどの教師が虐殺された。その結果、内戦終結後は教育の立て直しがゼロからおこなわれて来たが、すべての子どもが学校に通うことができていない状況にある。子どもによっては、学校の学習についていけずに退学や留年をするケースも少なくない。加えて日本では義務教育として自動進級ができる中学校にも進学できる子どもたちは少なく、該当年齢で中学校に進学している子どもたちは二人に一人と少ない状況にある。

NGO活動教育研究センター

　NGO活動教育研究センター〔以下NERC〕は、このカンボジアの首都プノンペンから南東に20キロほど離れたカンダール州の小さな村で未就学児や小学生の子どもたちを対象に図書館活動、英語や日本語の語学教室、サッカーを通したスポーツ支援、奨学金プロジェクトを実施している。

図書館活動

　カンボジアには日本のような公立の図書館はない。学校に図書館が併設してあるケースもあるが、本がなかったり、常に鍵がかかっていて自由に使用できなかったりするなど図書館としては機能していない。

また、村の人々はテレビからの情報が中心で、新聞などは読まない。正確に言えば読めない人が多い。そのため、子どもたちは学校で読み書きを習っても、教科書以外で活字に触れる機会が非常に少ないのである。これはこの地域に限ったことではなく、首都圏や地方都市以外の農村ではほぼ同じである。

そこで、NERCは貧困地域の中心に事務所兼図書館を設置し、子どもたちが絵本や本に触れる機会を提供している。単に図書館に絵本や本を設置するだけでなく、週に数回、図書館アクティビティとして、絵本の読み聞かせや紙芝居、ゲーム、その他のアクティビティを実施して、子どもたちが楽しく学べる仕掛けづくりをおこなっている。識字を身につけるだけではなく、カンボジアにはないカラフルな絵本やストーリーによって情操教育としても一役を担っている。

英語や日本語の語学教室

カンボジアでは、特に首都のプノンペンやアンコールワットがある観光都市シェムリアップでは、英語が使えることは仕事をする上で必要条件となる。またカンボジアでは、90年代から2000年代にODAによって日本が橋や道路の建設などをおこなってきた結果、多くのカンボジア国民が親日であり、JICAや日本のNGO、日系企業への就職や日本語ガイドは今でも人気がある。そこで、NERCでは、子どもたちの将来の糧として、語学教室を開催している。

奨学金制度

NERCが事務所を構える近辺は貧しい地域であり、NERCで識字を学び、英語や日本語を学んだとしても、大学に進学することは経済的な面で非常に難しい。特にカンボジアでは大学への進学率が10%以下で、優秀であることと経済的に豊かであることは大学への進学において外せないのである。そこで、NERCでは、幼少期からNERCで学ぶ優秀な学生に対して大学4年間の学費を奨学金として提供している。村で育った優秀な学生が、しっかりと学んでいる姿は、子どもたちにとっても大きな励みになっている。

スポーツ支援

NERCの事務所に来る子供たちはスポーツが大好きで、男子サッカ

ーチームを組織するとNERCに通うカンボジアの女子から女子サッカーチームを作りたいという強い要請があり女子サッカーチームを組織した。女子サッカーはカンボジアでも最もマイナーなスポーツと言われており、女子サッカーに対する理解がない。男子チームと共に練習を積み公式戦で優勝するなど素晴らしい成果をあげている。これまで学校の先生かお医者さんしか将来の大人像を描くことができなかった村の子どもたちが、スポーツ選手に憧れるなど村の子どもたちに大きな夢を与えている。

学生団体ボランティア活動基金との共同運営

　NERCはカンボジア人がカンボジアで運営をする団体であるがその後方支援をNERCの日本事務所とVAF〔Volunteer Activity Fund〕という学生団体がおこなっている。VAFは自分たちで絵本を制作し、それをカンボジアのNERCの図書館やその他カンボジアの教育団体やNGOに提供するなどの活動をおこなっている。

Let's work together!

① 世界にはどのような課題があり、どのような支援がおこなわれているのか調べて発表してみましょう。

② 世界のさまざまな課題がそれぞれどのように関わり合っているのかグループで話し合ってみましょう。

③ 世界の課題を解決するために自分たちに何ができるか考えてみましょう。

参考文献
国際協力機構（JICA）ホームページ　https://www.jica.go.jp/index.html
国連開発計画（UNDP）ホームページ　http://www.jp.undp.org/

ボランティアとスポーツ

はじめに

　そもそも、日本人のボランティアへの関心の高まりは、1995年の阪神・淡路大震災であるといわれている。スポーツ分野においても、スポーツボランティアに関する研究は1990年代以降、スポーツボランティア活動団体の増加も2000年以降と、まだまだ新しく、未成熟な分野であると言える。スポーツボランティアは、2000年に文部科学省の「スポーツにおけるボランティア活動の実態等に関する調査研究協力者会議」において、「地域におけるスポーツクラブやスポーツ団体において、報酬を目的としないで、クラブ・団体の運営や指導活動を日常的にささえたり、また、国際競技大会や地域スポーツ大会などにおいて、専門能力や時間などを進んで提供し、大会の運営を支える人」と定義されている。成人のスポーツボランティア実施率は、1994年から2016年まで7％前後でほぼ横ばいという調査結果もあるが、そんなスポーツボランティアの状況も、今から5年後、10年後には目覚ましい変化を遂げていることが予測される。なぜなら、この本の執筆時期は「2018年」、まさに来年にはラグビーワールドカップ〔2019〕、東京2020オリンピック・パラリンピック競技大会、ワールドマスターズゲーム関西〔2021〕など、日本で異例のペースでスポーツのメガイベントが開催される。そのイベント開催を前に、自治体や大学、企業、個人レベルでもスポーツボランティアに対する機運が高まっており、ラグビーワールドカップ2019では1万人以上のボランティア募集に対し、3万8千人以上の応募があったと言われている。これから続く三つのスポーツイベントを機に、スポーツボランティアへの参加者の裾野の拡大・定着など、醸成されることを願う。

　さて、スポーツボランティア醸成の前に、スポーツの価値向上が大きな命題となっている。2015年に文部科学省の傘下にスポーツ庁が設

置され、スポーツ基本法〔2011年〕に基づき定められたスポーツ基本計画内で、「する」「みる」「ささえる」の各側面からスポーツを楽しむ、スポーツ参画人口の拡大が謳われている。スポーツボランティアは、「ささえる」スポーツの主たる担い手であり、その人材育成や活動支援についての普及が急がれる。

　スポーツメガイベント開催を前に2018年3月、笹川スポーツ財団スポーツ政策研究所による調査結果から、スポーツボランティア経験者は14.7%で、その主な活動は「地域のイベント運営（39.3%）」「日々のスポーツ指導（29.3%）」という報告があるす。そこでこの章では、スポーツに関するボランティア活動を三つに分類し、1）スポーツイベントボランティア、2）クラブ・スポーツ団体ボランティア、3）スポーツチーム・選手による慈善活動の事例や現状、問題点について紹介する。

スポーツイベントボランティア

　通常、スポーツイベントは、非日常的かつ不定期的な活動で、地域スポーツ大会から、全国・国際大会など、大会の規模はさまざまである。そしてボランティアの役割も、審判や医療救護などの専門ボランティアと、受付、給水、記録などをおこなう一般ボランティアに分けられる。ここではボランティアとして参加する際の心構えや、ボランティアを取りまとめる大会運営者の留意点、そして専門ボランティアスタッフの育成ついてまとめる。

スポーツボランティア参加者の心構え
　スポーツイベントでの一般ボランティアは、通常、受付・案内、給水・給食、記録・掲示、運搬・運転、ホストファミリーなどの役割を担う。ボランティア参加者は、「手伝ってあげている」という感覚ではなく、スポーツボランティアの主旨を理解し、報酬の有無にかかわらず、運営スタッフの一員として責任をもって与えられた役割をおこなわなくてはならない。当日の遅刻や無断欠席、勝手な行動は控え、運営スタッフの一員として、参加者のためのために快く与えられた役割を全うすることが望まれる。
　また、主催者がイベント全体（参加者、主催者、ボランティアを含む運

営スタッフ）に保険をかけていることが通常ではあるが、必要に応じて事前にボランティア保険に加入しておくことを勧める。これはインターネットやスマートフォン、コンビニの店頭端末などからも簡単に加入でき、ボランティア活動中のさまざまな事故によるケガや損害賠償責任の保障、活動場所と自宅との往復途上の事故も補償の対象となるものもある。最短1日、数百円から加入できるため、事前に確認、申し込みを済ませ、自ら進んでリスク管理をおこなうべきである。

大会主催者の留意点

　大会主催者は、大会運営スタッフを束ねて大会の成功を収めるとともに、スポーツボランティアの継続的参加を促す工夫をし、スポーツボランティア醸成に貢献する役割も担う。通常、大会主催者はスポーツイベントの開催要項の決定後、その大会規模に応じて速やかにボランティアを募集する。その際、募集時期や方法の検討、募集する人数や仕事内容、その他の条件（食事や交通費などの実費、大会スタッフ用ウエアの支給、保険についてなど）などを提示し、必要に応じて、事前に説明会の開催やマニュアル配布などもおこなう。スポーツイベント当日は、ボランティア受付後にミーティングをおこない、活動準備、活動、終了後に片付け、終礼など報告後に解散という流れが一般的である。

　ボランティア参加者の年代や経験値を織り交ぜた選考や配置をおこない、活動を通して未経験者が育成されることが好ましい。また、ボランティア参加者に対しては、ボランティア参加の社会的意義を理解させるとともに、ボランティアと関わる有給スタッフにも、ボランティアが「単なる無償の労働力ではない」ことを理解させなくてはならない。ボランティア未経験者には、なるべく直接イベント参加者とふれあい大会の成功を感じ取りやすい場所で働いてもらい、大会後には謝辞を述べ、次回大会に向けてボランティア登録をしてもらうなどの仕組みづくりも重要である。

専門スタッフのリクルートと育成

　スポーツイベントでは参加者の安全確保のために、多くの医師や看護師、救急救命士などの専門ボランティアスタッフの協力が必要となる。これらの医療従事者は当然ながら専門スキルを有しているが、スポーツ現場での活動は、日頃とは環境（設備、備品、スタッフ連携、専門

科以外の患者への対応など）が異なる。専門スキルを持つ医療従事者であっても、初めて参加するスタッフに対しては一般ボランティアと同様に、事前の教育や、活動参加中に経験のあるスタッフから学ぶ機会があるなど、配慮は必要である。

　また、障害者スポーツ、例えばろうあ者の大会であれば、医療スタッフのほかにも、手話通訳の専門ボランティアスタッフが必要となる。スポーツに理解のある手話通訳、もしくは手話のできる医療スタッフがいることで、選手に対するサポートの質が向上する。そのように、自分の培ったスキルをより良くスポーツに活かしてくれる人材の広がりと、育成が望まれる。

クラブ・スポーツ団体ボランティア

　クラブ・スポーツ団体ボランティアは、ボランティア指導者と運営ボランティアがあり、日常的に活動がおこなわれている。前述のスポーツボランティア経験に関する調査では、スポーツボランティア経験者の約3割がスポーツ指導を挙げており、スポーツの審判やクラブの運営や世話などの活動も合わせると、6割以上になる。しかし、これらのボランティア活動は、"ボランティア"という認識が低いケースも見受けられる。なぜなら、少年団やスポーツクラブ、部活動の外部指導者など、多くの指導者にとって、指導対象であるこどもや生徒たちを指導し成果をあげることは、指導者自身の自己実現にもつながるからである。また、審判やクラブ運営なども、こどもが所属するチーム内での親の"役割"としておこなっていることも多いと思われる。

　近年、幼少期からの競技志向の高まり、教員の部活動指導による負担軽減や競技の高度化・専門化のために外部指導者を動員するなど、専門スタッフによる指導のニーズが高まっている。一方で、こどもの体力低下改善や、ゆるく運動や部活動を楽しむ"ゆる部"、高齢化に伴うライフスポーツの広がりなど、各世代におけるスポーツ指導に対するニーズが多様化している。そのようななか、スポーツ指導は、ボランティア（無償）であるべきか？　指導者は指導者資格を持たないアマチュアでも良いのか？　それが職業としてのスポーツ指導者の確立や、スポーツ指導者の社会的地位向上の妨げになっていないか？　などの議論もある。ボランティアの先行する領域で、職業的指導者を根

付かせることは困難だが、ボランティア指導者とプロ指導者の両者が適切に活用されるための仕組みや指針が待たれる。

スポーツチーム・選手による慈善活動

「スポーツを文化に」——これは、近年、スポーツ界のキーワードとなっている。その為、企業が社会貢献をおこなうことが求められていること〔CSR〕と同様に、スポーツ選手、チーム、競技団体、もしくはスポーツ界全体に対しても、社会に目を向け、それぞれにできる社会貢献活動をおこなうことが求められています。世界的に有名なスポーツ選手や、国内のプロスポーツ選手やチームなどによる社会貢献活動をニュースやSNSなどで見かける機会も増え、憧れの選手たちの行動は、若い世代にも多大な影響を及ぼす。ここでは、プロスポーツと社会貢献活動に関しての事例や現状の一部を紹介する。

Boston Red Sox の例

メジャーリーグベースボールは、アメリカ・カナダの球団計30チームで編成されるプロ野球リーグで、北米4大スポーツの一つである。ボストン・レッドソックスは伝統がある、人気、実力を兼ね備えたチームだが、このチームの影響力の大きさは、ボストンが苦境に立たされたときに発揮された。それは2013年4月15日、世界6大マラソン（ワールドマラソンメジャーズ）の筆頭であるボストンマラソンで、爆弾テロが発生した後のことである。多くの死傷者を出し、ボストンの街は深い悲しみに包まれたが、そこですぐに立ち上がったのが、ボストン・レッドソックスであった。球団は「Boston Strong〔B STRONG〕」とスローガンを掲げ、遺族や市民を励ました。チームは試合を自粛することなくおこない、「B STRONG」ロゴ入りグッズの販売や、チャリティーオークション、球団からの寄付、メジャーリーグ機構・選手会からの寄付などで、わずか1ヶ月後には約2億2000万円を集め、そのすべてがテロ事件の被害者に寄付された。

このような迅速な対応をとることができた背景には、レッドソックスは慈善事業をおこなう「Red Sox Foundation」という部署（球団内のNPO）を持ち、支援を必要とする子供たちに医療、教育、娯楽、社会サービスなどのプログラムを提供するためのチャリティ活動を、日常

的に野球場の内外でおこなっていることが挙げられる。2013年、テロ事件後にいち早く立ち上がり市民の心を支えたチームは、同時に多くのファンに支えられ、その年に優勝を果たした。プロスポーツチームとして営利のみを追求するのではなく、ファンにサポートを受け、それを社会に還元しているという循環、もしくは市民とチームの相互関係が成り立っていることを証明する、理想的な事例と言えるだろう。

日本での事例

日本でも近年、プロスポーツ選手による慈善活動が広まりつつある。特に日本のプロ野球選手による活動の広がりの背景には、NPO法人ベースボール・レジェンド・ファウンデーション〔BLF〕のような支援団体の存在がある。代表の岡田真理さんは、前述したボストン・レッドソックスの事例をアメリカで目にし、不測の事態などにスポーツの価値を支援に変える仕組みが作られていることに感銘を受け、プロ野球選手や球団による慈善活動のサポートや、野球にまつわる社会貢献活動を支援するために、2014年にBLFを立ち上げた。現時点では日本のプロ野球球団の球団職員に非営利活動のノウハウを持つ専門家は存在せず、慈善活動をおこないたい選手を支援できる体制は整っていない。そこで、社会のために「何かしたい」と思っている選手たちがBLFのサポートを受け、障害者の就労支援、I型糖尿病患者への支援、オレンジリボン運動（子ども虐待防止）など、それぞれが支援したいと思う社会課題に対し、支援活動をおこなっている。

プロ選手に限らず、スポーツ選手が社会貢献活動をおこなうことは、社会や支援対象者へのメリットだけではなく、選手にもさまざまなメリットがある。一つには、実際に多くの方と接することは、その選手や競技のファン開拓につながる。他にも、競技選手は競技中心の生活を送り、社会との接点が希薄になりやすいため、引退後のセカンドキャリアを見据えたキャリア形成の面でも、選手自身のためにもなる。そのため、今、学生スポーツでも、ライフスキル教育の一環として社会貢献活動をおこなう学校やチームが増えている。次の段階として、これらの活動が円滑におこなわれるような教育ができる人材育成や、支援体制の構築が必要である。

······ Let's work together! ······

① スポーツイベントの成功のために、①ボランティア活動に参加するボランティアとして、②イベント主催者（運営者）として、気をつけるべき点を挙げてみましょう。

② スポーツ指導者の質と量を保つために、どのような取り組みが必要だと考えますか？（資格、報酬、ニーズの多様化などの側面から、考えてみてください。）

③ 国内外のスポーツ選手やチームによる社会貢献活動の事例を探してみましょう。また、スポーツ選手やチームが、そのような活動をおこなう意義について考えてみましょう。

参考文献
笹川スポーツ財団「スポーツボランティアに関する調査」2017.
文部科学省「スポーツにおけるボランティア活動の実態等に関する調査研究報告書」2000.
日本財団CANPAN/NPOフォーラム「スポーツとチャリティ」(2018.10.9)

chapter 18

ボランティアと文化芸術

はじめに

　「文化芸術を創造し、享受し、文化的な環境のなかで生きる喜びを見出すことは、人々の変わらない願いである。また、文化芸術は、人々の想像性をはぐくみ、その表現力を高めるとともに、人々の心のつながりや相互に理解し尊重し合う土壌を提供し、多様性を受け入れることができる心豊かな社会を形成するものであり、世界の平和に寄与するものである。更に、文化芸術は、それ自体が固有の意義と価値を有するとともに、それぞれの国やそれぞれの時代における国民共通のよりどころとして重要な意味を持ち、国際化が進展するなかにあって、自己認識の基点となり、文化的な伝統を尊重する心を育てるものである。」

　これは、わが国の「文化芸術基本法」の前文からの抜粋である。さらに、同じく前文で、現在の経済的な豊かさのなかで、「これまで培われてきた伝統的な文化芸術の継承や発展」「独創性のある新たな文化芸術の創造の促進」への基盤整備や環境のかたちが不十分であることを課題に挙げ、施策を総合的計画的に推進することを求めている。

　では、具体的に、「文化芸術」とは何を指しているのだろうか。基本法のなかでは以下のように分類され、その振興や継承及び発展が掲げられている。

① 「芸術」の振興
　文学、音楽、美術、演劇、舞踊その他の芸術 (次のメディア芸術を除く)
② 「メディア芸術」の振興
　映画、漫画、アニメーション及びコンピューターその他の電子機器などを利用した芸術

③「伝統芸能」の継承及び発展
　雅楽、能楽、文楽、歌舞伎、組踊その他我が国古来の伝統的な芸能
④「芸能」の振興
　講談、落語、浪曲、漫談、歌唱その他の芸能（伝統芸能を除く）
⑤「生活文化」の振興ならびに「国民娯楽」及び「出版物」等の普及
　生活文化：茶道、華道、書道、食文化その他生活に係る文化
　国民娯楽：囲碁、将棋、その他国民的娯楽
　その他、出版物及びレコード等

文化芸術ボランティア

　前述のように、「文化芸術」領域は多岐にわたるが、文化芸術に関連するボランティアの現状を見てみると、まだまだボランティア活用例が少ない現状がある。国内最大級のNPO・社会的企業のボランティア・職員／バイトの情報サイト "active" の検索（全1364件）をカテゴリー別で見てみると、「こども・教育（724件）」「地域活性化・まちづくり（452件）」「国際（317件）」「福祉・医療・障がい（197件）」「環境・農業（150件）」に続き、「スポーツ・アート・文化」での募集は147件であった。そのうち大半は、スポーツイベントやスポーツ指導ボランティアの募集で、アート、文化に関する企画は、各地方で企画されている映画祭や芸術祭、音楽祭などの運営ボランティアの11件のみである。

　しかし一方で、内閣府がおこなった平成28年度の「文化に関する世論調査」をみると、1年間の間に文化文芸活動などへの支援活動をおこなった割合が9.2%（「子どもの文化芸術体験のための支援活動」4.8%、「歴史的な建物や遺跡などを保存・活用するための支援活動」1.8%、「音楽祭・映画祭などの開催のための支援活動」1.5%、「美術館・博物館などにおける案内や作品解説などの支援活動」1.1%）おり、相当数の国民が文化文芸ボランティアに参加しており、国民の文化芸術ボランティアに関する意識は高まりつつあると言える。

　ところで、文芸文化における関わり方には、三つある。

　まず、「する」という関わり方である。たとえば、自分で詩を作ったり、絵を描いたり、歌を歌ったりする人もいる。

次に、「みる」という関わり方がある。たとえば、文化遺跡を訪ねる、動物園に行く、あるいは美術館や博物館に作品を鑑賞にいくということである。

最後に、「ささえる」という関わり方がある。これは文化芸術ボランティアということである。この「ささえる」活動こそが、文化芸術の発展や維持に大きく貢献しているのである。また、文化芸術ボランティアは、地域社会の活性化やまちづくり、子どもたちの人間形成に大いに役立つ。さらに、阪神・淡路大震災や東日本大震災などの大規模災害後の復興の力にもつながる。それとともに、なにより、自分自身の趣味や特技が社会のため、人のために活用できるというのは、非常に意義のあることである。

さらに、文化芸術におけるボランティア活動は、「文化芸術をささえる」というボランティアと「文化芸術を通じてささえる」というボランティアがある。「文化芸術をささえる」というのは、文化芸術活動が活発におこなわれるように私たち市民がサポートするボランティア活動である。一方、「文化芸術を通じてささえる」というのは、文化芸術活動をおこなうことで、地域の活性化や困っている人々をサポートするボランティア活動である【図18-1】。

文化芸術をささえる活動

社会における文化芸術活動の発展は、単に行政や一部の専門家が担うものではなく、またそれだけではその発展には限界がある。社会に根付き、国や社会に文化レベルを向上させるには、市民の活動が不可欠である。

ガイドボランティア（日常型）
美術館や博物館、あるいは観光地や名所旧跡において、観光客に対して、展示物や由来などのガイドをするボランティアである。最近では、外国人観光客のための英語によるガイドもおこなわれている。また、災害の語り部や民話の語り部のボランティアといった文化の伝承を目的としたものもある。

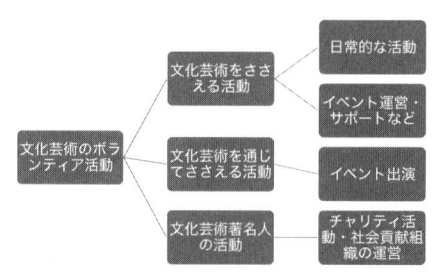

図18-1　文化芸術ボランティアの分類

　これらのボランティアは、それぞれの施設や団体でボランティアを募集していますので、ホームページや広報などを探して、募集するとよい。なお、これらのボランティアは、研修期間があったり、採用のための面接があったりするので、それなりの準備が必要である。

図書館ボランティア（日常型）

　地域や大学の図書館において、書棚の図書の整理、図書の書棚への配架、図書の修理、検索機の操作説明、郷土資料の整理などをおこなうボランティアである。さらに、対面朗読や録音図書、声の目録作成、絵本・紙芝居の読み聞かせなどがある。これらのボランティアも、一定期間の研修を受けてから活動することになる。各図書館のHPなどで募集している。

文化財の保存修復（日常型）

　東日本大震災を契機に文化財保存修復のボランティアが注目を浴びるようになった。平常時においては、文化財の保存修復は専門家の領域であるが、大規模災害では大量の文化財が壊れたり、水浸しになったりするために専門家や公的な組織だけでは文化財を守ることができない。そのような状況において一つでもかけがえのない文化財を修復しようとボランティアが立ち上がったのである。現在は、全国に被災した文化財のレスキューや修復をおこなうボランティア組織が複数あり、文化財を守るための大きな力となっている。この場合も、魁夷として登録し、専門家から研修を受けたのちに活動をおこなうことになる。

公演などのサポート（イベント型）

リサイタルや演劇などの公演をサポートするボランティアで、舞台の設営、パンフレット渡し、入場券もぎり、入場者の整理などの公演の運営活動やチラシ・ポスターなどの配布などがある。また、企画そのものをボランティアが手伝う場合もある。さまざまな文化会館や都道府県や市町村で募集しているが、ほとんどの場合、研修を受けてからの活動となる。

文化芸術を通じてささえる活動

文化を通じてのボランティア活動は、自らの特技や趣味を活かして、文化活動をすることで社会貢献をするタイプのボランティアである。スポーツの場合に比べて、プロや世界レベルのアマチュアというような高い専門レベルでなくても成立するため、文化芸術におけるボランティアでは、プロや世界的レベルのアマチュアだけでなく多くのアマチュアが活動している。

コンサートや劇の上演（イベント型）

保育園や幼稚園、小学校、福祉施設、さらには地域のイベントや研修会などに出かけて、ボランティアでコンサート、演劇、人形劇などを上演したりする。

大学のボランティアサークルや吹奏楽部、和太鼓部、あるいはNPOなどの民間ボランティア団体や音楽グループに所属して、常日頃から練習をおこなうことが前提となる。

祭りや伝統芸能（イベント型）

全国各地でおこなわれる郷土の祭りや伝統芸能は、多くのボランティアによっておこなわれてきた。演じるもの運営するもの区別なく、全員がボランティアであり主役でもあるという形態で伝統的におこなわれてきたのである。そのことが、まちの誇りでもあり、人々の心の拠り所でもある。伝統文化の多くは、このようにして、継承され続けてきたのである。現在は、少子高齢化の影響で人手が足りなくなり、祭りそのものの存続が危ぶまれており、他地域からのボランティアも含めて開催される場合も多くなっている。興味のある祭りにボランテ

ィアとして参加するのも伝統文化を守る一翼を担うことになるのである。

文化芸術著名人の活動

　近年では、プロの芸術家や音楽家がチャリティ活動の一環として文化芸術活動をおこなう場合が多くみられる。たとえば、次のような活動がある。

　音楽プロデューサーの小林武史氏と、Mr.Children の櫻井和寿氏、坂本龍一氏の出資により 2003 年に設立された ap bank という組織がある。なお、ap bank の ap は "Artists' Power" の AP、そして "Alternative Power" の AP であるとされている。そして、bank は、ap bank 設立の背景から、私設の「市民のためのバンク」であることがうかがえる。この組織は、自然エネルギーへの取り組みや環境保全など、環境プロジェクトに「融資」をおこなうことを目的としてスタートし、その後は、2011 年 3 月に発生した東日本大震災を機に復興支援活動 "ap bank Fund for Japan" もおこなっている。その基金は国内外の自然災害からの復興支援に役立てられている。この活動に賛同するアーティストらの協力も得て、イベントや CD、DVD、書籍、ダウンロード配信楽曲などの収益の一部や全部が活動資金に充てられている。また、ap bank fes の収益金や、皆様からの義援金、復興支援金が主に、復興支援をおこなうボランティア団体や被災者に届けられている。まさに、一流アーティストによる本格的な文化芸術ボランティア活動である。

　次に、「トトロのふるさと基金」という組織があるが、これは映画「となりのトトロ」の宮崎駿監督の呼びかけと、複数の市民団体が結集し、『となりのトトロ』の舞台のモデルの一つになったと言われている、狭山丘陵（首都圏に残された緑の孤島、里山の風景）の保全活動をおこなうための基金である。1990 年にトトロのふるさと基金委員会が設立され、その後、1996 年に会員制度が始まり、1998 年には団体名も「財団法人トトロのふるさと財団」となった。この財団は、集めた会費や寄付でこの丘陵や周囲の美しい土地を買い取り、将来に引き継いでいく "ナショナル・トラスト" 活動をおこなっている。この森のゴミ拾い、草刈、環境調査やイベント企画などは、ボランティアの協力によ

り支えられている。宮崎監督はこの基金の顧問を務め、基金のために
トトロのイラストを書き下ろし、その使用を認めるなどされている。

　さらに、「スラムダンク奨学金」という制度がある。これは、バスケットボールを題材にした大人気漫画「SLAM DUNK」の作者、井上雄彦氏が設立した奨学金制度で、高校卒業後もバスケットボールを続けたい高校生を対象としている。「この作品を愛してくれた読者とバスケットボールというスポーツに、何かのかたちで恩返しがしたい」という井上先生の想いから、2008年に奨学生募集は開始されものである。奨学金の資金はSLAM DUNKの印税の一部と、出版社などの協賛によるもので、公益財団法人日本バスケットボール協会も協力に入っている。日本で高校を卒業し、その後の14ヵ月が支援対象となっている。SLAM DUNK奨学生は、夢に向かい挑戦する機会が得られる奨学金制度である。

　実例としていくつか挙げたように、音楽や漫画、アニメーション、映画などの文化芸術分野で多くのファンを抱える著名人が社会に与える影響は絶大である。理念を持って社会に還元する様は、多くの人の背中を押しているように思われる。

　以上、文化芸術分野の著名人によるボランティア活動を見てきたが、各種文化芸術活動は、さまざまなかたちで私たちの生活の一部となっている。活動主体にとっても、享受する側の人々にとっても、感動や生きる喜びをもたらし、人生を豊かにするものである。また、その力は社会全体の活性化にも大きな役割を果たすことになるのである。

行政による文化芸術ボランティア活動の推進

　全国の都道府県、市町村などでは、文化芸術ボランティア活動を推進するためにネットワークシステムや研修システムを構築している。

　たとえば、京都市は「京都市文化ボランティア」という制度を持っており、市民をはじめ芸術家や企業などで文化芸術活動をサポートしようとする個人や組織に「文化ボランティア」として登録してもらい、一方でサポートを必要とする市民や芸術家、企業などの情報を収集して市が両者の橋渡しをするという制度である。

　このような制度が多くの自治体で構築され機能するこによって市民

の文化芸術活動が市民レベルで醸成されることが、本当の意味でのわが国の文化水準を高めることにつながるのであるのである。

······ Let's work together! ·····

① 今まで関わりのなかった文化芸術のなかから興味のあるものを調べ、実際にコンサートに行ったり美術館に行ったりして体験し、グループで共有してみましょう。

② 特定の文化芸術活動を選び、その活動の振興のためにできる企画やボランティア活動を考えてみましょう。

③ 文化芸術の活動をおこなっている人が、社会貢献のためにおこなっている活動を探してみましょう。

参考文献

文化庁　文化芸術基本法, 2017.

前林清和「スポーツとボランティア」『身体運動文化研究』20-1, 2015.

Ap bank ホームページ　http://www.apbank.jp/

公益財団法人トトロのふるさと基金ホームページ　https://www.totoro.or.jp/

スラムダンク奨学金ホームページ　http://slamdunk-sc.shueisha.co.jp/

iPledge・ごみゼロナビゲーションホームページ　http://www.gomizero.org/

activoホームページ　https://activo.jp/

京都市情報館ホームページ「京都市文化ボランティア」
　　http://www.city.kyoto.lg.jp/bunshi/page/0000004996.html

chapter 19

ボランティアと観光

はじめに

　近年日本では、都心、観光地はもちろん、これまで観光地として知られていなかった場所でも、訪日外国人観光客を目にする機会が増えてきた。日本の観光業は、わずか10年ほどで急激な成長を遂げ、さらにその市場を広げようとしている。日本では、2003年に観光立国の実現に向けた取り組み「ビジット・ジャパン事業」を本格化し、2006年には、観光基本法〔1963年制定〕の全面改正をおこない、その翌年に「観光立国推進基本法」が閣議決定され、2008年に観光庁の設置に至る。

　観光庁は、「観光立国の実現」を通じて、「我が国経済社会の活性化、活力に満ちた地域社会の実現の促進、国際相互理解の増進や国際平和の実現、健康で文化的な生活の実現などに貢献すること」を理念に掲げ、「住んでよし、訪れてよしの国づくり」に取り組んでいる。その背景には、少子高齢社会の到来があり、本格的な国際交流の進展、21世紀の日本経済社会の発展のために観光業の強化が不可欠とされたからである。

観光立国の実現に向けて

　「国」は、観光立国の実現に関する施策を策定し、「地方公共団体」は地域の特性を活かした施策の策定、実施や、広域的な連携協力を図ることを責務と基本法に定めている。また、「住民」に対しても、観光立国の重要性を理解し、魅力ある観光地の形成への積極的な役割を担うよう、明記されている。

　訪日外国人観光客も急増し、地域資源の活用など、"オールジャパン体制"による連携の強化・拡大が不可欠となっている。ここでは訪日

外国人観光客の傾向や、地域の観光ボランティアガイドの実態、今後の発展が見込まれるスポーツツーリズムについて紹介する。

訪日外国人観光客の推移

　訪日外国人観光客の推移はグラフ【図19-1】のとおり、毎年右肩上がりに増加している。2013年に1000万人を超え、2015年に2000万人に迫り、そして2020年のオリンピックイヤーには、その倍の4000万人の旅行者数を目標にしている。そして、その4000万人の訪問による経済効果は、8兆円と試算されている。

　2009年に中国人個人観光ビザ発給が開始されるようになり、中国人観光客は徐々に増えている。そして、連日メディアにも取り上げられていた中国人旅行者による "爆買い" による一人当たりの消費金額が、2015年には約18万円とピークを迎えるが、それ以降は景気の落ち着きや、日本製品のネット通販事業拡大などの影響などもあり、消費

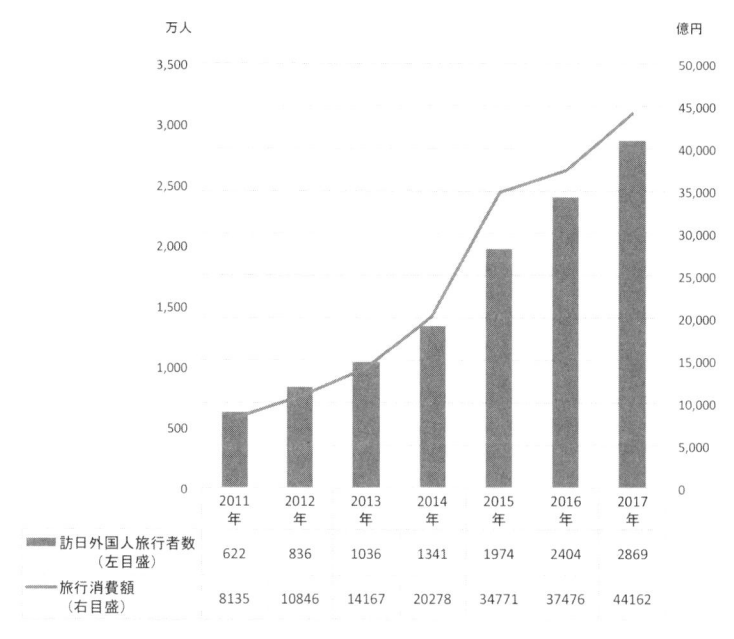

	2011年	2012年	2013年	2014年	2015年	2016年	2017年
訪日外国人旅行者数（左目盛）	622	836	1036	1341	1974	2404	2869
旅行消費額（右目盛）	8135	10846	14167	20278	34771	37476	44162

図19-1　訪日外国人観光客と旅行消費額の推移　（日本政府観光局発表データより作成）

が「モノ」ではなく、レジャーや食事など「コト消費」に変わってきた。

このように、外国人観光客の消費による直接的な経済効果は大きく、加えて、観光客がさまざまな観光資源を消費・体験し、地域の魅力をSNSなどで伝播してくれることの波及効果はさらに大きいといえる。急速に増えすぎた外国人観光客によるトラブルや、宿泊施設や多言語での案内板の不足など、観光地としてのインフラ整備が追い付いていないなど課題も多々あるが、外国人観光客のニーズが単に「買い物」ではなく、日本各地の「自然」や「食」を楽しむことなどに転化していることから、おもてなしの担い手は、私たち、国民一人ひとりであることを認識しなくてはならない。

観光ボランティアガイド

前述のとおり、訪日外国人観光客の目的が主要都市での観光や買い物から、地方での観光にも広がり、地域経済の活性化、雇用機会の増大を目指して、各地で観光客を呼び込むための方策が取られている。そして、国内外からの観光客に対し、地方や観光名所で不可欠な存在となっているのが、観光ボランティアガイドである。

公益財団法人日本観光振興協会のHPから、全国に1118の観光ボランティア団体の登録が確認された〔2018年11月時点〕。現在、私が暮らす静岡県は35件、浜松市も5件の登録がある。例えば、「浜松観光ボランティアガイドの会」は1999年に地元の有志により活動を開始し、静岡県浜松市の観光行政部と連携協力している。地域における諸観光ガイドへの参画、参加や、浜松駅、浜松城、犀ヶ崖資料館へ常時会員配置し、ガイド活動をおこなうなどしている。その他、小中学校、公民館などへの出前講座を実施や、子どもガイドの育成や小中学生のグループ活動への協力などをおこなうなど、活動内容は多岐にわたる。

日本の観光事業は、このような各地の有志団体に支えられて展開されているが、ボランティアの高年齢化や、人手不足、資金不足なども課題となっている。若手育成は急務で、子どもガイドの育成など、早期に地元への愛着を持ってもらうことと、増加する外国人観光客への対応として、多言語対応のできる人材の育成、協力が不可欠になってくる。国も将来を見据え、ボーイスカウトの世界大会の誘致や、海外旅

行の促進をおこなうなど、青少年の国際交流推進に力を注いでいる。地域の観光ポテンシャルの最大化のために、地元をよく知る中高齢者と、国際感覚豊かな若手観光ボランティアガイドの連携や、今後の若手育成が望まれる。

スポーツツーリズム

ボランティアの広がり

　今後さらに発展が見込まれる観光資源は、「スポーツ」である。旅先でスポーツを楽しむ、もしくはスポーツで旅を楽しむなど、スポーツ資源を最大に活かした観光客の呼び込みを「スポーツツーリズム」といい、2011 年に「スポーツツーリズム推進基本方針」が取りまとめられている。それから現在までに、オリンピックなどスポーツの大型イベントの誘致に成功したことは記憶に新しいが、さらに次の展開へと動き始めている。

　2017 年、スポーツ庁は、関係団体、関係省庁、有識者と「スポーツツーリズム需要拡大のための官民連携協議会」を発足した。国内及び海外 7 カ国でのマーケティング調査をおこない、スポーツによる個人旅行者拡大のための新規重点テーマとして「アウトドアスポーツ」と「武道」を設定するなど、今後の展開をまとめ、スポーツを用いた人々の交流拡大、地域活性化を目指している。

　また、観光庁も 2017 年以降、「スノーリゾート地域の活性化推進会議」を設置し、アクションプログラムを策定するなど、スポーツツーリズムの強化を図っている。日本人のスノースポーツ人口は激減し（1998年の 1800 万人から、2015 年には 750 万人まで減少）、スキー場の経営難による施設の老朽化や廃業などは、地方経済にとって死活問題となっている。一方で、日本の雪質やスノーリゾートへのアクセスの良さなどが評価され、スノースポーツを目的とした訪日外交人観光客の数も増加している。

　例えば、長野県のスノーリゾート「HAKUBA VALLEY」では、2017 〜 2018 年シーズンの総来場者は、前年比 3 ％増の約 155 万 5000 人で、そのうち外国人スキー客は 45％増の約 33 万人越えとなり、過去最高を記録した。実に来場者数の約 2 割が外国人で、オセアニアが過半数を占め、アジア、欧州、北米の順となっている。すでに観光客が増加傾向にあるスノーリゾートだが、2018 年平昌冬季五輪、2022 年北京冬季

五輪のアジア開催など、さらに国内外からスノーリゾートへの来訪を取り込む機会が続く。

　スノースポーツを第一の目的としている外国人の多くは、同様に、日本食や温泉を楽しみにしている。スポーツをきっかけに呼びこんだ観光客に、それ以外の良さをいかに紹介し、リピート客となってもらうか。それは最終的にはその観光資源を持つ各地域に委ねられる。これら一連の施策には、取り立ててボランティアの活用についての提言がなされておらず、観光ボランティアガイドと同様に、地元の良さを知る人、国際感覚や語学力を持つ人、そして、スノースポーツなど、その観光資源となるスポーツやレジャーに精通している人の力も必要不可欠である。私たちは、さまざまなかたちで魅力ある観光地の形成に貢献できる、貴重な人材なのである。

Let's work together!

①　あなたの住む地域の主な観光資源や、観光客の推移、観光ボランティアガイドなどの活動について調べてみましょう。

②　またその地域で、まだ観光資源として活用されていない、新たな資源を考えてみましょう。

③　もし、あなたが住む地域（もしくはどこか地域を選択）の観光ボランティアガイドになったとしたら、どのような活動をおこなうことが考えられますか？企画してみましょう。

参考文献

観光庁　観光立国推進基本法, 2018.

観光庁　政策について「スノーリゾート地域の活性化にむけて」, 2018.

スポーツ庁「スポーツツーリズム需要拡大戦略」及び、「スポーツツーリズムに関する国内外マーケティング調査」結果, 2018.

ボランティアの事前事後

はじめに

　「事前事後」という用語は、教職課程における教育実習の指導方法として使われており、教育実習に行くまでの準備期間と実習を終えた後の振り返り、実習報告会までの一連の指導のことを言う。

　同様に、ボランティア活動においても教育実習同じように「事前事後」による指導をおこない、効果的な活動に繋げていく。特に授業の一環として単位認定をおこなう場合は、事前事後指導をしっかりおこなう必要がある。

　また、災害ボランティアにおいても、事前事後が重要となる。山本〔2017〕は、「事前情報を入手することで『より安全に』『より効率的に』『より有意義に』つまり、よりよいものにすることができます」と述べているように、被災地のためにという想いを繋げていくためには、事前準備を十分おこなう必要があり、また、活動後も振り返りを含めたセルフケアをおこなう必要がある。

災害ボランティア活動において

　山本〔2017〕は、災害ボランティアの姿勢・マナー・ルールの基本として、①「被災地に迷惑をかけない」をあげている。東日本大震災では、一刻早く被災地に駆けつけて活動したいというボランティアの想いから、交通、食事、宿泊などの準備もなしに受け入れが整っていない被災地に駆けつけ、運営をするボランティアセンターの職員に苦情を言うケースが残念ながら見られた。つぎに、②「状況を読み慎重にかかわること」があげられている。被災地の情報を収集し、活動が可能かどうかを見極めることが重要である。具体的には被災地のニーズを確認し、できることがあれば行くとい選択をすることになるであろ

う。やりたい想いを押し付けるのではなく、ニーズがあってはじめて活動が成り立っていく。

筆者が顧問を務めるボランティアサークルでは、東日本大震災以降、サークル活動として災害支援活動をおこなっている。本章では、2016年の熊本地震での支援活動を事例に事前事後について述べていく。

熊本地震支援活動

常葉大学 Thunder Birds では、災害支援活動において「ボランティアガイドブック」を作成し、活動に必要な情報を入れこみ事前事後研修をおこなっている。主な項目としては、①活動の概要、目的、②活動内容、③活動スケジュール、④事前研修の概要、⑤活動場所、⑥活動にあたっての注意事項、⑦参加者名簿、役割分担、⑧現地での連携先の情報、⑨災害ボランティア活動のための10ヵ条となっている。

災害ボランティア活動のための10ヵ条 (常葉大学 ThunderBirds)

1. 活動前・後の研修を必ず受け、心身を整えて活動しよう。
2. 自己管理を徹底し、がんばりすぎない。
3. 旅行気分ではしゃがない。
4. 被災地に入ってからの言動には特に注意する (臭い、汚いなど)。
5. 被災地の活動はニーズが優先。相手の立場に立って行動する。
6. 単独活動はしない。常にグループで行動する。
7. むやみに写真を撮らない。許可なくSNSに投稿しない。
8. できない約束はしない (特にこども、高齢者。安易に「また来る」など言わないように)。
9. ボランティア同士の批判、運営の批判はしない。
10.「どうやったら良くなるか」常にプラスの発想！

災害ボランティア活動における事前事後

2016年の活動では、外部講師を迎えて計4回の事前事後研修をおこなっている。災害支援活動に参加を希望する学生は、原則、この4回の事前事後研修を受けることを参加条件としている。

① 事前研修I　現地での活動プログラム（カフェ、鍼灸治療、小学校サポート、災害ボランティアセンター、サッカー教室、現地団体との協働企画など）に関する活動内容、注意事項、事前準備などに関すること。

② 事前研修II　熊本地震被害の概要、地域の概要。活動のマナー、ルール。災害ボランティアセンターの運営状況。被災者の心理的変化。

現地の産業、観光など、実際に現地に入るにあたって必要な内容に関すること。

③ 事後研修Ⅰ　帰学時直後におこなわれるクールダウン。体操、災害支援後に現れる心理的変化などに関すること。

④ 事後研修Ⅱ　振り返りをおこなっていく。「この活動を体験して、今後、私たちができることは？」をテーマにグループワークをおこない、学生の課題、気づきを掘り起こす【写真20-1】。

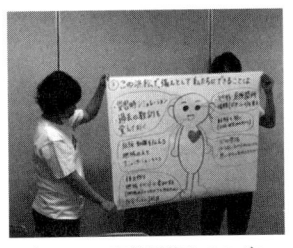

写真20-1　事後研修Ⅱでのグループワーク

演習系カリキュラムにおいて

　筆者らが担当している「健康プロデュース活動演習」は1年時配当の通年科目となっており、年間を通して今後地域で活動していくための基本的な知識、態度などを実践的に学んでいく科目である。グループワークやディスカッション、プレゼンテーションを通じて、学生同士が学び合い、学内で実施されている地域貢献活動を通じて体験的に学び、地域課題を発見していく。

　シラバスには、授業概要。授業の目的、到達目標が以下のように示されている。

　「健康プロデュース学部では、多様な社会的ニーズに応え、「健康」についての的確なアドバイスやサポートができる人材を「栄養管理」「食育」「子育て」「スポーツ」「健康保持・増進」という、さまざまな切り口から育成している。本科目では、「健康」を学科や分野の枠を超えたさまざまな方向から分析し、支えるスペシャリストを目指す者として必要な、異業種の専門家や関連機関、行政などとの連携を学ぶ。また、対象のライフステージに応じた（地域の）「健康」を支援する実践的な活動を行う。」

　「テーマ　：地域連携活動の実践と、そのための基本的なマナーやコミュニケーションについて学ぶ。学生によるプレゼンテーション、グループワーク、ディスカッションを多く取り入れ、正課・正課外に渡り、学生同士が相互に学び合うことを促進する。また、社会とつながる活動を

行うことで、個々が大学での学修の目的を明確にし、大学での主体的な学びの基礎作りを目指す。

到達目標　：

(知識・理解)「健康」に関する基礎的知識を持ち、時代の要請や人々の価値観によって変化する健康概念を理解している。

(思考・判断) 新しい健康観とはどのようなものか、多様な視点から大局的に考えることができる。

(関心・意欲) 新しい健康観を創り出すことに関心を持ち、そのために必要な知識や技能を獲得し、向上させる意欲を持つことができる。

(態度)「健康」を創り出す専門家としての実践力を高める努力を継続することができる。

(技能・表現)「健康」を創り出すために獲得した知識・スキルを、人と社会のために活用することができる」

　具体的には、大学が主催する地域貢献活動へスタッフとして準備、運営にかかわり、まとめを通じて活動の振り返りを行っていく。

15回の授業内容は、以下のようになっている。

①グループワークによる仲間づくり (1.2)
②グループディスカッション (3.4)
③地域貢献活動Ⅰ／準備・運営・まとめ (5・6・7)
④地域健康課題1 ／ディスカッション、準備 (8)
⑤地域貢献活動Ⅱ／準備・運営・まとめ (9・10・11)
⑥地域健康課題Ⅱ／ディスカッション (12・13)
⑦プレゼンテーションⅠ・Ⅱ (14・15)

　これらの15回の授業を通して、到達目標を達成していくための取り組みをおこなっていく。

実践活動をおこなうにあたっての心得

　大学の授業の一環としておこなう地域貢献活動は、学生たちが将来、社会人となる上で貴重な機会である。それらの機会を通した学びは、準備を整えるだけでなく、活動にあたっての心得を理解しておく必要がある。場合によっては、事故、怪我、対人関係などのさまざま

なトラブルを招くこともあるため、活動に備えて、授業内で基礎的な知識、技能、態度、準備すべきことをしっかり確認していく。これらの手順は、今後、彼らが正課外のボランティア・地域貢献活動として自主的な活動に結びつけていくためにも重要な事項である。

地域貢献活動は誰でもできる行動であるが、最低限のマナーを心得ていないと、信頼を失い、活動そのものができなくなる可能性もあるため、活動の導入を慎重におこなっていく必要がある。

静岡県ボランティア協会が示す「ボランティアの心得」を授業内で共有し、活動前に周知している。

①自分にあった身の回りのことから手がけましょう。

②相手や関係者の立場を尊重し、相手のニーズに合わせて活動しましょう。

自分の思い込みだけで行動するのではなく、まず、相手が何を必要としているのかつかむことが大切です。

③無理なく継続できる計画をたてましょう。

④約束は必ず守りましょう。

ボランティア活動は無償ですが、責任を伴う活動です。

相手と相談して決めた活動内容や時間、してはならない事など守るようにしましょう。できなくなったときは早めに連絡しましょう。

⑤秘密は守りましょう。

⑥絶えず学習し、自分を成長させましょう。

⑦謙虚さも大切にしましょう。困ったときは相談しましょう。

⑧まわりの協力と理解を得ていきましょう。

⑨安全対策に注意しましょう。

⑩ボランティア保険に加入しましょう。

さらに、地域貢献活動のNG事項として、事例を示しながら以下の5項目を徹底している。

NG①　ドタキャン、無断欠席、遅刻、早退
NG②　自分勝手な行動。
NG③　活動で知りえた内容をもらす（SNSへの投稿、個人情報）。

NG④　スマホをいじる、会場に持ち込む、活動中のゲームなど。

NG⑤　場にふさわしくない服装、髪型、アクセサリー類、派手な化粧、派手なネイルなど。

さらにトラブル発生時には、ほう（報告）・れん（連絡）・そう（相談）の徹底をすることを指導している。

基本的には学生自身が気づき、考え、行動することが重要であり、本講義が学生自身の気づきを促すための学び合いの相乗効果となることを期待している。

······ **Let's work together!** ·················

①　ボランティア活動、地域貢献活動をおこなうための 姿勢・マナー・ルールについてディスカッションしてみましょう！
何が必要か、何を気を付け、何を重視するのか、「受ける側」の立場にたって、考えてみましょう！

②　あなたが実践するボランティア活動、地域貢献活動について、情報収集をおこない、活動の目的、対象、活動内容、事前にできる準備についてまとめてみましょう！

③　ボランティア活動、地域貢献活動後の振り返りをおこなおう。活動レポートをまとめるだけでなく、グループで活動後の振り返りを共有し、次回の活動のヒントとなることを見つけ出してみましょう！

参考文献

山本克彦「災害ボランティアへの準備のポイント『情報収集』── 災害ボランティアの姿勢・マナー・ルールを確認する」『災害ボランティア入門』〔ミネルヴァ書房, 2017〕pp.36-47.

エピローグ

　本書には、ボランティアについて知りたい・学びたいと思っている人たちの他にも、ボランティアに対して迷いのある人たちや、ボランティア活動をしてみたいけどまだやったことのない人たちに対して、「一歩踏み出してみてよ！」という気持ちが込められている。知らないことを始めるにはとても大きな勇気がいるが、一歩踏み出して後を振り返ると、そこには素晴らしい経験や出会いが積み重なっていることに気がつく。

　人生一度きりなら、ゼロよりも十、十よりも百の経験で人生を豊かにしたいと私は考える。そのいくつかの経験がボランティア活動によるものであれば、自分だけでなくもっともっと多くの人たちをハッピーにできるのではなかろうか。一人の力は大きくないが、その力がたくさん集まれば、社会をも動かす大きな力になる。是非、身近なボランティア活動から始めてもらいたい。

　最後になるが、本書を創り上げるにあたり、数多くの方々のご協力をいただいた。特に、さまざまなアイディアや惜しみないアドバイスと励ましの言葉を頂いた、木立の文庫の津田敏之氏には深甚のお礼を申し上げる。本書が、木立の文庫の書籍出版第一号として記念すべきものとなったことについても格別の思いである。重ねて深く感謝の意を表したい。

2019年1月28日

江田 英里香

◆ 著者紹介

前林清和 (まえばやし・きよかず)

筑波大学大学院体育研究科修士課程修了。

現在、神戸学院大学教授。博士（文学）。

専門は、社会貢献学、社会防災論。心身論、臨床心理学、国際協力、社会貢献、社会防災など幅広く活動しています。

☆本書が「Win-winの社会」「温かみのある社会」の実現のために役立てばと願っています。

【chapter 01, 03, 04, 05担当】

木村佐枝子 (きむら・さえこ)

神戸学院大学大学院人間文化学研究科博士課程修了。

現在、常葉大学教授。博士（人間文化学）。

専門は、社会貢献学。社会福祉→臨床心理→社会貢献と幅広く活動しています。

☆Life is good! 魅力的なキーワードが散りばめられた新たなボランティアのスタイルを発見できるおススメの一冊です。

【chapter 07, 08, 11, 12, 20担当】

吉田早織 (よしだ・さおり)

北里大学大学院医療系研究科博士課程修了。

現在、常葉大学准教授。博士（医学）。

専門は、スポーツ医学。地域のスポーツ振興や安全に関する支援活動など。

☆ボランティア活動はさまざまな気づきを与えてくれます。本書が、読者の皆さんが活動を始め、続けるきっかけになれば幸いです。

【chapter 17, 18, 19担当】

田中綾子 (たなか・あやこ)

神戸大学大学院 工学研究科 博士後期課程 博士課程単位取得満期退学。

現在、関西国際大学准教授。

専門は、コミュニティ防災。被災地活動や防災啓発、マンション防災の研究をしています。

☆ボランティア活動を通じて、ぜひ『自分解体新書』の新しいページを描いてみてください。

【chapter 13, 14担当】

◆ 編著者紹介

江田英里香 (えだ・えりか)

神戸大学大学院国際協力研究科博士課程後期課程満期退学。
現在、神戸学院大学准教授。博士（学術）。
専門は、比較教育学・社会貢献学。カンボジアの教育支援や途上国の教育開発、ボランティアについて研究・活動をしています。
☆本書が自分の生き方や社会のあり方に向き合うきっかけとなれれば幸いです。
【chapter 02,06,09,10,15,16担当】

本書に関わる印税のすべては
NERC（特定非営利活動法人NGO活動教育研究センター）を通じて
カンボジアの子どもたちの教育支援活動に使われます

kodachi no bunko

ボランティア解体新書
かいたいしんしょ
戸惑いの社会から新しい公共への道

2019年4月10日　初版第1刷発行
2023年11月10日　初版第5刷発行

編著者　江田英里香
著者　前林清和・木村佐枝子・吉田早織・田中綾子

発行者　津田敏之
発行所　株式会社 木立の文庫
〒600-8449　京都市下京区新町通松原下ル富永町107-1
telephone 075-585-5277　faximile 075-320-3664
http://www.kodachino.co.jp

デザイン　上野かおる
本文組版　東浩美

印刷製本　亜細亜印刷株式会社

ISBN 978-4-909862-01-3 C3036